LA CORÉE ILLUSTRÉE

Luna Kyung • Ahnji

LA COREE ILLUSTRÉE

Luna Kyung est Coréenne. Elle est installée à Paris depuis plus de 20 ans. Elle est l'autrice en langue française de plusieurs ouvrages culinaires dont *Easy Corée* et *L'Art de la fermentation* (coécrit avec Camille Oger). Son blog « La table de Diogène est ronde » est une référence de la cuisine coréenne et de la fermentation alimentaire.

AhnJi est une illustratrice et graphiste coréenne qui vit en France depuis 3 ans. Elle habite à Biarritz, où elle fait partie d'un collectif d'artistes aux Serres de la Milady.

MANGO
éditions

SOMMAIRE

CUISINE

ART DE VIVRE

LA VIE QUOTIDIENNE 133

LA CULTURE ET LES ARTS 169

FÊTES ET FESTIVALS 191

À DÉCOUVRIR 215

BIENVENUE EN CORÉE

Ces dernières années, on a assisté à la rapide croissance économique et à l'expansion de l'influence culturelle de la Corée du Sud. Pourtant, ce pays reste un mystère. Au-delà de cette récente « success story », ce livre vous invite à découvrir ses habitants, leur quotidien, leurs traditions et leur culture vivante, pleine de sagesse et d'humanité, héritière de 5 000 ans d'histoire, qui côtoie aujourd'hui une grande modernité.

DMZ
Séoul
Gangwon
Gyeonggi
Chungcheong
Gyeongsang
Busan
Jeolla
Jeju

한국의 요리

LA CUISINE CORÉENNE

Pour les Coréens, le son-mat se traduit littéralement par « le goût de la main », c'est une expression chère aux Coréens qualifiant le goût d'un plat réussi. Une façon de confirmer qu'un bon plat doit porter l'empreinte de son ou sa cuisinier(ère), une signature presque. Cette approche esquisse l'importance du lien humain et du partage lié à cette cuisine.

Si la société coréenne se caractérise par son hyperactivité, sa cuisine offre une parenthèse dans cette culture de la vitesse et de l'efficacité. Là où le rythme naturel et la tradition rassurent, la restauration y est également spirituelle en rapprochant les convives de la nature, de la vie sociale et de la promesse d'un moment apaisé.

LA COMPOSITION DES REPAS

En Corée, tous les plats sont servis en même temps, on mange en alternance du riz, de la soupe et des accompagnements.

가족식사

Le *gajok-siksa* 가족식사, repas maison, se compose d'un *bap*, un bol de riz, d'un *guk*, une soupe, et de *banchan*, un assortiment de petits mets. Le *kimchi* est omniprésent et se décline en plusieurs variétés. On y ajoute un plat du jour, de poisson ou de viande. Généralement, les légumes occupent deux tiers du repas. La culture du dessert n'existe pas en Corée et on propose souvent des fruits à la fin des repas, même si aujourd'hui, les nouvelles générations consomment davantage de mets sucrés.

Petit déjeuner

아침

Le petit déjeuner coréen est presque aussi complet que le déjeuner.
Il se compose par exemple de riz au soja, d'une soupe aux algues et bœuf, de *kimchi* de chou, d'une omelette roulée, de *namul* de courgettes, d'une poêlée de petits anchois et piments doux et de fruits.

Déjeuner

점심

Ragoût de *doenjang*, riz blanc, *kimchi* de radis, *jangajji* d'ail, poisson grillé, *namul* d'épinards, confit de tofu, chips d'algues…
Beaucoup de gens prennent leur déjeuner à l'extérieur, à la cantine de l'école ou du bureau. On trouve ainsi facilement des restaurants proposant un *baekban*, un menu « façon maison » (riz, soupe et *banchan*).

Dîner

저녁

Riz aux céréales, soupe de pousses de soja, *kimchi* de chou, *kimchi* à l'eau, *bulgogi*, laitue et feuille de pérille, déclinaisons de *jang* (*gochujang* et *ssamjang*), salade de ciboule, confit de racine de lotus, *namul* de champignons, composent un menu typique en Corée.
Le dîner se déroule le plus souvent en famille, même si celle-ci est rarement complètement réunie en milieu citadin car les deux parents travaillent et les enfants suivent des cours particuliers jusqu'à tard dans la soirée.

한국의 지역 특산품

En raison de sa position de péninsule, les produits de la mer sont aussi présents que les produits de la terre.
Par ailleurs, sur 220 000 km², les montagnes occupent 70 % de l'espace, offrant une grande richesse en produits montagnards et forestiers. Depuis 1953, le pays est divisé entre Corée du Sud et Corée du Nord. Même si elles partagent le même héritage culinaire, la cuisine du Sud a davantage évolué en raison de son ouverture sur le monde.

(de Kaesong)
Soja
Riz
seoleong-tang (p. 80)
Tofu (de Gangneung)
Makkoli
Bindae-tteok (p. 83)
Séoul
Galbi, grillade de boeuf (de Suwon)
Gelée de gland (p. 49)
Gangwon
Gangneung
Alcool de pomme de terre (de PyeongChang)
Gyeonggi
Suwon
PyeongChang
Champignon de pin
Calmar
Raisin
Jujube
Alcool aux fleurs azalées
Chungcheong
samgye-tang (p. 81)
Sésame
Andong soju
Andong
Crevettes
Baie d'Omija (de Mungyeong)
Yeongyang
Huîtres
Soja fermenté express (p. 61)
Geumsan
Ginseng (de Geumsan)
Gyeongsang
Piment (de Yeongyang)
Jeonju
Ail
Gaejang (p. 92)
Sunchang
Bibimbap (de Jeonju)
Eonyang
Rouleaux de riz aux algues et calmar (de Chungmu)
Crevettes fermentées
Gochujang (p. 60) (de Sunchang)
Jeolla
Bulgogi (de Eonyang)
Busan
Alcool au grémil
Poire
Kim, feuille d'algues
Yuja (yuzu)
Algue miyeok
Anchois
Tuile à tête de cheval
Mulhoe (p. 99)
Seogwipo
Jeju
Alcool de millet
Clémentine (de Seogwipo)
Porc noir
Bingtteok, crêpes de sarrasin au radis

LA PHILOSOPHIE DES 5 COULEURS

Un des courants philosophiques les plus anciens, le taoïsme, dont l'idée principale est de « vivre équilibré », a profondément marqué la culture coréenne. La théorie de oheng, les cinq éléments de la nature, se traduit par la variation des couleurs dans les plats, obangsek : noir (eau), bleu (bois), blanc (métal), jaune (terre), rouge (feu).
Le vert remplace le bleu dans la plupart des plats.

C'est le *gomyeong* 고명, les éléments de finition et de décoration, qui apporte ces couleurs dans les plats : par exemple, le blanc d'œuf, le jaune d'œuf, le noir du champignon noir, le rouge du piment ou du jujube séché, le vert du céleri ou de la ciboule.

오방색

Les cinq couleurs, obangsek.

미나리강회 Minari-ganghoe, bouchées au céleri d'eau.

La pratique d'obangsek est une façon d'embellir le repas, une sorte de « cerise sur le gâteau ».

Le bibimbap est un exemple par excellence. Les garnitures peuvent varier et apportent de nombreuses couleurs.

GOMYEONG 고명

Une découpe minutieuse est nécessaire pour confectionner ces éléments décoratifs. Les découpes en allumettes filamenteuses, en rondelles, en losanges ou hachées, sont les plus fréquentes.

Produits fréquemment utilisés

Vert : fruit du ginkgo, *minari* (céleri d'eau), peau de courgette et de concombre, ciboule.
Jaune : jaune d'œuf, courge, pollen de pin, fruit du gardenia.
Blanc : blanc d'œuf, pignon, marron cru, poire, sésame blanc.
Noir : champignon, algue, pousse de fougère séchée, sésame noir, viande.
Rouge : piment, jujube séché, crête de coq (fleur), carotte, crevette.

Exemples de techniques de découpes de gomyeong

달걀 지단

Dalgyal-jidan, lanières ou losanges de jaune et blanc d'œuf

Faites cuire le jaune et le blanc d'œuf séparément dans une poêle huilée très finement, à feu doux, sans les faire brunir. Découpez-les en lanières de 3 mm de largeur ou en losanges de 2 cm.

식사 예절

LES RÈGLES DE SAVOIR-VIVRE

Dans la tradition coréenne confucéenne, la politesse imposait des règles strictes sur la tenue à table, notamment concernant les relations entre jeunes et personnes âgées, descendants et ancêtres, ainsi qu'entre les hommes et les femmes.
Les hommes recevaient les repas sur des tables individuelles, tandis que les femmes, hormis les aristocrates, prenaient les repas avec les enfants. Dès le milieu du xxe siècle, les campagnes nationales de restrictions économiques d'après-guerre ont instauré de nouvelles coutumes : une table unique pour toute la famille et une standardisation de la vaisselle en inox selon un format précis (pour économiser le riz). Les Coréens sont libérés de ces restrictions depuis peu.

BONNES MANIÈRES

Politesse avec les aînés

Attendre que la personne la plus âgée commence ou qu'elle donne sa permission pour commencer le repas.

Quitter la table avec sa permission.

Servir et recevoir à deux mains la boisson alcoolisée et saluer ou dire merci en recevant.

Comment tenir correctement ses baguettes, jeotgalak

젓가락

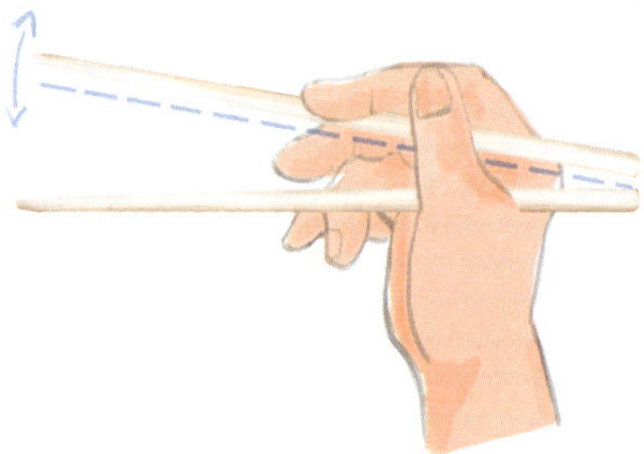

- Utiliser la cuillère pour le riz et la soupe, les baguettes pour d'autres mets.
- Poser les baguettes quand on utilise la cuillère, et inversement.
- La cuillère doit être à gauche des baguettes.

La première cuillerée de riz ne doit pas être prise au milieu, mais sur les bords.

Manger assis droit.

À NE PAS FAIRE

- Souffler pour faire refroidir un mets brûlant, il faut attendre qu'il soit à la bonne température.
- Se moucher ou roter.
- Remplir un verre d'alcool avant qu'il ne soit vide.
- Agiter les couverts.

Piquer les couverts dans le riz sauf pour le repas d'offrande aux ancêtres défunts.

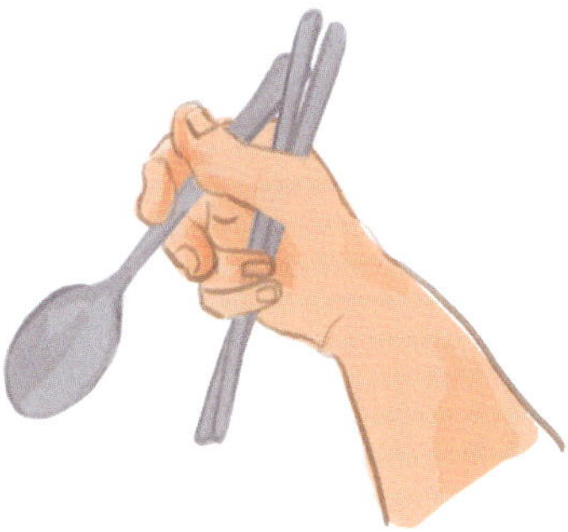

Tenir ensemble la cuillère et les baguettes.

Soulever son bol ou son assiette de la table (comme en Chine ou au Japon où on mange le bol de riz dans la main et non posé sur la table).

VAISSELLE ET USTENSILES

Dans la tradition coréenne, les techniques de la céramique et de l'alliage étaient très recherchées et ont donné naissance à un art de la table riche et diversifié ; la beauté de la porcelaine blanche ou du céladon vert-gris est réputée chez les connaisseurs.

VAISSELLE, SERVICES 식기

Service de table

도자기

En porcelaine : pour toutes les saisons.

수저

***Sutgalak, jeotgalak*, cuillère et baguettes :** on les dispose toujours ensemble. La Corée est le seul pays utilisant des baguettes métalliques.

칠기

Laqué : plus fréquemment utilisé chez les moines bouddhistes.

방짜유기

En *bangjja-yugi*, alliage cuivre-étain : vaisselle d'hiver, qui conserve bien la chaleur.

다구

Dagu, sevice à thé

소반

***Soban*,** table basse laquée.

대접

Daejeop en inox, grand bol pour nouilles ou soupe de pâtes.

뚝배기

***Ttukbaegi*,** casserole en terre cuite, pour les ragoûts.

돌솥

***Dolsot*,** casserole en pierre, pour les *bibimbap*.

USTENSILES ET ÉQUIPEMENTS

옹기

Onggi, récipients en terre cuite. Ils ont la particularité de « laisser respirer le contenu » grâce à la terre et le vernis spécifiques utilisés, ce qui est idéal pour les aliments fermentés.

전골냄비

Casserole large : utilisée pour les fondues.

Pince et ciseaux : pour couper des viandes ainsi que des nouilles très élastiques.

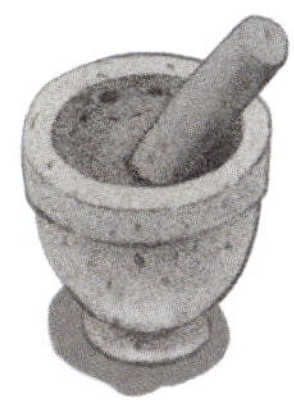

절구

Pilon en pierre : idéal pour écraser l'ail.

가스버너

Réchaud à gaz portable : pour faire cuire des viandes grillées et les fondues directement à table.

석쇠

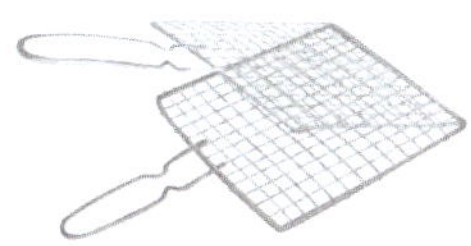

Grille : pour faire griller des feuilles d'algues, la viande et le poisson.

불고기 불판

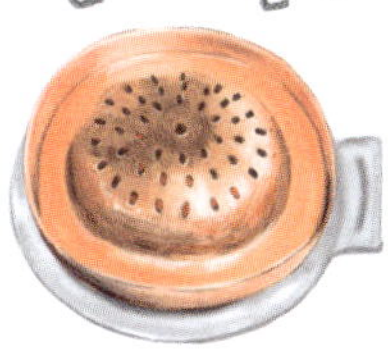

Bulgogi-bulpan, grille spécial *bulgogi*.

채반

Chaeban : claie pour le séchage.

김치 냉장고와 용기

Kimchi-nengjango, « cave » de *kimchi* : réfrigérateurs et boîtes dédiés au *kimchi*, les réfrigérateurs reconstituant les conditions idéales pour la fermentation du *kimchi*.

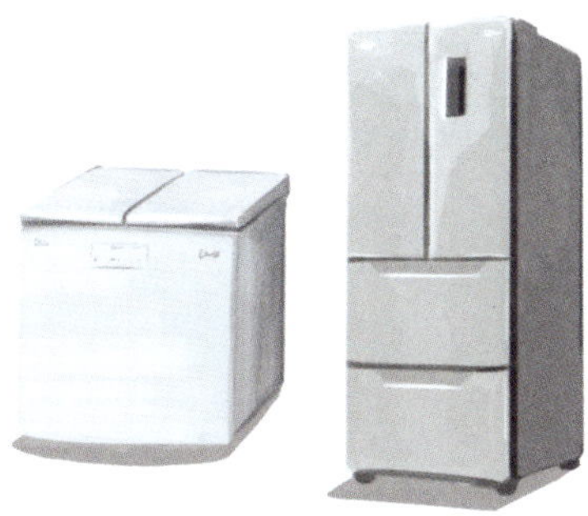

Récipients : pour les fermentations.

LES PRODUITS DE BASE

Voici les produits les plus fréquemment utilisés.

Baechu, chou pe-tsaï (chou chinois) : incontournable pour faire du *kimchi*.

Mu, radis blanc asiatique : plus doux que le radis noir, plus ferme que le radis rose, un des légumes les plus utilisés.

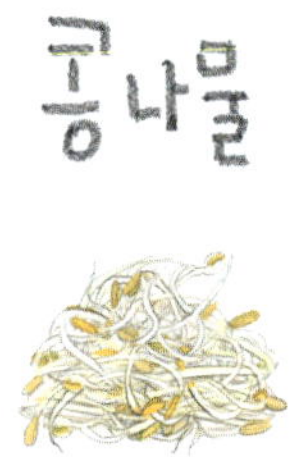

Kongnamul, pousses de soja : le légume le plus consommé après les légumes pour *kimchi*.
On l'utilise en soupe ou en salade crue et cuite.

Minari, céleri d'eau : légume aromatique utilisé dans les soupes de poisson. S'utilise aussi comme ficelle pour façonner diverses préparations (aumônière, bouquet, etc.).

Ssuk, armoise : herbe aromatique et colorant vert pour des plats salés et des pâtisseries.

Ketnip, feuille de pérille : très aromatique, elle se déguste souvent avec des viandes grillées.

Maneul, ail, et *pa*, ciboule : ce sont les épices les plus utilisées dans la cuisine coréenne, elles sont presque omniprésentes, sauf dans la cuisine bouddhiste.

Sengang, gingembre : épice d'hiver que l'on utilise en infusion ou en sirop, mais aussi pour le *kimchi*.

Gochu, piment rouge ou vert frais.

Gochugaru, piment rouge séché en flocons, *silgochu*, piment en filaments : le piment est l'épice la plus récemment introduite en Corée, mais elle entre dans la composition de très nombreux plats coréens, notamment le *baechu kimchi*, le plus connu des *kimchi*.

Myeolchi, anchois séchés : pour bouillons ou confits.

Kim, feuilles d'algues rouges séchées (nori) : elles se mangent grillées ou nature avec du riz.

Dashima, algue brune (kombu) : pour les bouillons ou pour le *ssam*.

Miyeok, algue brune tendre : on l'utilise crue et cuite en soupe ou en salade.

Pyogo-beoseot, lentin du chêne : très parfumé, il se cuisine avec de la viande ou en bouillon.

Kkae, graines de sésame noir et blanc, grillées : elles apportent un goût de noisette et décorent les plats.

Jat, pignons de pin : en grains, en poudre sèche ou en sauce, ils apportent une saveur laiteuse.

Daechu, jujube séché : sa saveur proche de la pomme apporte de la douceur dans des plats salés et sucrés.

Eunheng, fruits de ginkgo : elles se consomment grillées ou bouillies, mais on les utilise aussi pour décorer certains plats.

Gam, kaki : avec la poire et la pomme, ils forment le trio de fruits coréens les plus consommés. On utilise souvent ces fruits dans les *kimchi*.

Bae, poire asiatique : croquante et plus rafraîchissante comparée à la poire française.

Seokryou, grenade : pour les boissons sucrées et certains *kimchi*.

Yuja, yuzu : il entre dans la composition de certains *kimchi* et de sauces pour des plats salés ou sucrés.

Omija, baies de cinq saveurs : elles s'utilisent séchées dans des préparations sucrées.

CONDIMENTS ET SAUCES

La plupart des condiments sont issus de la fermentation au sel, ils peuvent même remplacer le sel dans certaines recettes. On les distingue selon leur méthode de fabrication, traditionnelle ou industrielle. Leur différence n'est pas seulement dans leur niveau de qualité, mais dans le type même des micro-organismes responsables de la fermentation. Par exemple, le goût de la sauce soja traditionnelle est fondamentalement différent de la sauce soja industrielle. Pour la cuisine traditionnelle, on utilise les condiments à l'ancienne qui sont forts en goût.

CONDIMENTS 양념

재래 된장

Jerae-doenjang : pâte de soja fermenté à l'ancienne.

재래 간장

Jerae-ganjang : sauce soja à l'ancienne, dont la *cheongjang* est la sauce jeune (affinage court).

새우젓 / 액젓

Seu-jeot, crevettes fermentées, et *aek-jeot*, sauce de poisson : de puissants exhausteurs de goût.

고추장

Gochujang : pâte de soja fermenté au piment à l'ancienne.

참기름 / 들기름

Cham-gileum et *deul-gileum* : huiles de sésame grillé et de pérille, huiles aromatiques les plus utilisées. Responsables de l'odeur caractéristique de la cuisine coréenne.

된장

Doenjang industriel

간장

Ganjang industriel

고추장

Gochujang industriel

매실청

Maesil-cheong : sirop de prune pour les plats salés.

식초

Sikcho : vinaigre de riz.

조청

Jo-cheong : sirop de riz pour préparations sucrées.

SAUCES 양념장

Mélangez tous les ingrédients indiqués.

양념간장

Yangnyeom-ganjang, sauce soja assaisonnée

Pour les *bibimbap* et les plats de tofu nature.

- 5 c. à s. de sauce soja
- 1 c. à s. de miel
- 1 c. à s. d'huile de sésame grillé
- 2 c. à c. de ciboule hachée
- 1 c. à c. d'ail écrasé

양념고추장

Yangnyeom-gochujang, gochujang assaisonné

Pour les *bibimbap*.

- 80 g de *gochujang*
- 30 ml d'eau
- 1 c. à s. de sucre
- 1 c. à s. d'huile de sésame grillé
- 2 c. à c. de sauce soja

쌈장

Ssam-jang

Pour les viandes grillées, nature ou marinées, et les *ssam*.

- 5 c. à s. de *doenjang*
- 2½ c. à s. de *gochujang*
- 1 c. à s. d'huile de sésame
- 1 c. à s. d'eau
- ½ c. à s. de sucre
- 2 c. à c. de graines de sésame grillées écrasées
- 1 c. à c. d'ail haché

기름장

Gileum-jang, sel à l'huile de sésame

Pour les viandes nature (non marinées) grillées et les champignons grillés.

- 1 c. à s. de fleur de sel
- 1 c. à s. d'huile de sésame
- Poivre

초간장

Cho-ganjang, sauce soja vinaigrée

Pour les plats de friture et les raviolis.

- 50 ml de sauce soja
- 50 ml de vinaigre de riz

초고추장

Cho-gochujang, gochujang vinaigré

Pour les plats de poisson cru ou de fruits de mer.

- 3 c. à s. de *gochujang*
- 3 c. à s. de vinaigre de riz
- 1½ c. à s. de sucre
- 1 c. à s. d'eau

강된장

Gang-doenjang, pâte de soja fermentée aux légumes

Pour les *ssam* et le riz.

- Hachez finement 8 shiitakés, 1 courgette, 1 oignon, 4 piments verts, 9 gousses d'ail.
- Faites-les suer avec 2 c. à s. d'huile de pérille, puis ajoutez 2 c. à s. de *doenjang*, 2 c. à s. de *gochujang*, 2 c. à s. de miel et 80 ml d'eau.
- Faites cuire jusqu'à ce que les légumes deviennent fondants.

겨자장

Gyeoja-jang, sauce moutarde douce

Pour les salades.

- 70 g de purée de pommes ou de poires
- 6 c. à s. de vinaigre de riz
- 2 c. à s. de poudre de pignon
- 1 c. à s. de miel
- 3 c. à c. de moutarde
- Sel

맛있는 의성어, 의태어 EXPRESSIONS DE LA CUISINE CORÉENNE

La langue coréenne est riche en adjectifs et mots décrivant l'aspect informel et sensoriel. Dans le domaine culinaire, de nombreuses onomatopées et interjections transcrivent le goût, la texture et l'émotion.

Assaisonnements

Ming-ming : manque important de sel, et par conséquent de goût (plus fort que *seum-seum*).

Seum-seum : un manque de sel léger qui donne lieu à une fadeur permettant de mieux sentir le goût « naturel » des ingrédients (cette fameuse notion de « fadeur » asiatique, comme le goût du riz nature sans sel, fade mais riche en goûts subtils).

Sam-sam : agréablement salé.

Jjap-jjal : un chouïa trop salé, mais reste acceptable.

Textures

Assak-assak : croquant de la matière humide et légère (concombre, feuille de salade…).

Ageak-ageak : croquant de la matière humide et assez dense (légumes épais et croquants comme la carotte).

Ba-ssak-ba-ssak : croustillant, léger, agréable, s'émiettant en petits morceaux (biscuit sorti du four).

Phou-seok-phou-seok : émiettage poussiéreux (pain desséché s'effritant en poudre).

Go-sseul-go-sseul : se dit de la cuisson du riz rond, cuit à point, sans trop d'humidité qui alourdit.

Phou-sseul-phou-sseul : texture du riz long grain, manquant d'humidité et pas assez collant.

Mal-lang : agréablement moelleux, élastique (pain de mie frais).

Moul-leong : mou, pas forcément agréable, végétaux ramollis (pêche trop mûre).

Tchol-guit : gâteau de riz moelleux très élastique qui laisse la mâche agréable.

Gil-guit : viande dure comme du caoutchouc ou tiges de végétaux fibreux.

Formes

DÉCOUPES - *Song-song* : découpe très fine (ciseler de la ciboule).

Sung-sung : découpe en tranches épaisses (couper un poireau en grands tronçons).

Sung-deong-sung-deong : découpe en grands morceaux de la matière molle (couper la viande pour bourguignon).

CUISSONS - *Bo-geul-bo-geul* : petit bouillonnement, plus fort qu'un frémissement.

Bou-geul-bou-geul : bouillonnement vigoureux avec de grosses bulles.

Ji-geul-ji-geul : grésillement d'huile, faire frire dans une poêle sur une couche mince d'huile.

VAPEUR - *Mo-lak-mo-lak* : petite vapeur s'échappant vivement mais rondement (le riz tout chaud sortant du cuiseur).

Mou-leok-mou-leok : vapeur forte s'émettant vigoureusement d'une grande casserole ou d'un chaudron.

Odeurs et gestes

Pol-pol : petite odeur – plutôt agréable – montante, mais pas trop envahissante (odeur subtile du pain grillé).

Poul-poul : odeur – plutôt désagréable et franche – qui monte assez agressivement (odeur de pourri).

Souhl-souhl : versement vigoureux, franc et rapide, d'un contenu par une ouverture large.

Sohl-sohl : saupoudrage lent et léger d'un contenu granuleux (saupoudrage minutieux du sel).

gil-guit
질깃

ji-geul-ji-geul
지글지글

tchol-guit
쫄깃

bo-geul-bo-geul
보글보글

soung-soung
숭숭

song-song
송송

Sung-deong-sung-deong
숭덩숭덩

Mou-leok-mou-leok
무럭무럭

bou-geul-bou-geul
부글 부글

mo-lak-mo-lak
모락모락

LES MARCHÉS TRADITIONNELS

Une des caractéristiques de la Corée est la coexistence de l'ultramodernité et de la tradition. Malgré l'omniprésence des centres commerciaux modernes, les marchés traditionnels restent populaires. On y aime la chaleur humaine : marchands forts en caractère, vente en vrac, prix négociables, etc. Sont aussi indispensables les échoppes et les stands ambulants qui proposent des friandises.

Il en existe encore de nombreux, même à Séoul, Namdaemun-sijang, Gwangjang-sijang par exemple. Certains sont spécialisés en herboristerie, Gyeongdong-sijang, ou en produits de la mer, Noryangjin-susansijang. (Pour en découvrir plus sur les marchés, rendez-vous p. 159 à 161.)

손맛
반찬주문
국내산 한우전문
신선축산
떡
낙원떡집
낙원떡집
낙원떡집
꽈배기
4개 천원

식당 AU RESTAURANT

En Corée, les restaurants sont souvent spécialisés : grillades, tofu, fruits de mer, etc. Les bars proposent aussi de nombreux plats pour se restaurer. La plupart du temps, les restaurants sont uniquement des lieux pour se nourrir au sens strict, et non des lieux sociaux, partagés avec des espaces ouverts comme en France. En effet, on mange souvent dans des espaces privatifs en groupe, surtout quand le restaurant est luxueux.

고깃집

Les restaurants spécialisés en grillades sont équipés de tables avec foyer intégré et un conduit de fumée amovible. Les clients s'occupent eux-mêmes de la cuisson de leur viande, même si des serveurs peuvent intervenir.

POCHA 포차

Ding~dong
Sur les tables des restaurants, vous trouverez souvent un bouton d'appel pour demander des services. Si personne ne vous apporte vos couverts, regardez sous la table, vous les trouverez dans un tiroir.

Le *pocha* est un restaurant ambulant en milieu urbain. Populaire et bon marché à l'origine, c'est devenu un lieu branché et apprécié des jeunes.

Dans les restaurants coréens traditionnels, on s'assoit en tailleur ou sur des chaises.

Certains pocha ne sont plus ambulants, mais conservent seulement la décoration typée. On y consomme de l'alcool, des mets d'accompagnement et des plats "bunsik".

배달 문화 LA CORÉE, PARADIS DE LA LIVRAISON

La société coréenne se caractérise par son dynamisme et son désir de réussite ; les gens passent beaucoup de temps sur leur lieu de travail. Pour suivre la cadence ultrarapide, des services de commodité quotidienne sont optimisés, notamment toutes sortes de livraisons de produits alimentaires.

La livraison de repas rapides se fait partout, même en plein air sans adresse fixe. La recette vedette est le poulet frit.

Pique-nique au bord de la rivière Hangang, à Séoul

Prospectus de service de livraison de plats

La commande de boîtes de repas toutes prêtes est très courante, et les consommateurs sont exigeants concernant la qualité des plats proposés. On les trouve dans des magasins ouverts 24 heures sur 24 ou en livraison.

편의점 도시락

Boîte de repas

TRAVAIL ET SERVICES

간편식

À Séoul et dans d'autres grandes villes, beaucoup d'étudiants et travailleurs vivent seuls loin de leur famille. Les offres de plats prêts à déguster sont nombreuses.

Kimchi prêts à manger

Recette de chapaguri

Versez 1 sachet de *neoguri* dans 1 litre d'eau bouillante, puis 1 sachet de *chapagheti* 3 minutes plus tard. Quand ils sont cuits, jetez l'eau en en conservant seulement 100 ml. Mélangez enfin avec les poudres d'assaisonnement. Poêlez du bœuf, salez à la sauce soja, poivrez et incorporez dans les nouilles.

Chapaguri (ram-don)

Le chapaguri est un en-cas à base de nouilles instantanées très apprécié, à l'origine par les jeunes, mais maintenant par toutes les générations – c'est devenu internationalement connu grâce au célèbre film Parasite.

반찬 가게

Dans les foyers où les deux parents travaillent, les traiteurs proposent des banchan comme s'ils étaient faits maison. Le recours au kimchi tout prêt devient aussi de plus en plus fréquent.

Boutique traiteur

집밥

LES PLATS DU QUOTIDIEN

Contrairement à l'ordonnancement « entrée-plat-dessert », le bansang est une table dressée proposant l'ensemble du repas.

À l'origine, ce repas se composait invariablement de riz, d'une soupe, d'un assortiment de trois, cinq, sept, neuf ou douze petits mets (banchan) différents, de sauces et de kimchi (condiments de base).

De nos jours, ce modèle est plus rarement respecté, mais un repas familial typique se compose toujours d'un bol de riz, d'une soupe, de banchan et bien entendu de l'incontournable kimchi.

밥 RIZ ET CÉRÉALES

Le bap 밥, riz, c'est comme le fond dans un carnet de dessin. Tous les goûts et les arômes se posent sur ce blanc qui embrasse tout, permettant ainsi le mélange des saveurs.
Le riz se caractérise par sa simplicité et sa présence discrète, pourtant un repas sans riz n'est pas un vrai repas pour un Coréen. Un seul type de riz, le rond, variété Japonica, est utilisé dans les recettes coréennes. Sa texture est moelleuse, élastique et légèrement collante. C'est la même variété pour le riz gluant.

Un bol de riz blanc sur un soban, table ancienne.

CUISSON DU RIZ : PAS À PAS

1. Rincez 450 g de riz rond 5 fois en le frottant énergiquement, puis laissez-le tremper dans 1 litre d'eau pendant 10 minutes et égouttez-le bien. Mettez-le dans une casserole, versez de l'eau jusqu'à ce que le niveau arrive à mi-hauteur de la main et couvrez.
2. Portez à ébullition sur feu vif, puis baissez le feu au minimum. Laissez cuire jusqu'à absorption totale de l'eau, éteignez le feu et laissez reposer 5 minutes, toujours à couvert.
3. Avant de servir dans des bols individuels, aérez les grains de riz à l'aide d'une spatule mouillée.
4. Vous pouvez appliquer cette recette au riz gluant en diminuant l'eau de 10 %.

Trois variations de riz

Riz aux 5 céréales

En plus de ces ingrédients classiques comprenant le riz, le riz gluant, le haricot rouge, le millet, le soja, on peut ajouter des marrons, du jujube et le fruit du ginkgo. On mange ce riz le soir de la première pleine lune de l'année, avec des légumes récoltés l'année précédente et conservés.

Riz aux pousses de soja

Il s'agit de riz cuit avec des pousses de soja et servi avec la sauce soja assaisonnée (voir p. 23).

Riz au soja noir

Pour les grands grains comme le soja, il est nécessaire de les faire tremper préalablement une nuit entière. Récupérez l'eau de trempage pour la cuisson, elle est riche en antioxydants. Le soja, riche en protéines, équilibre le taux élevé de glucides dans le riz.

LE JUK, PORRIDGE DE RIZ

Juk pourrait être traduit par « porridge » ou « soupe moulinée à base de riz ». Ce plat est peut-être très simple, car simplement composé de riz à l'eau, mais il est aussi hautement raffiné, car il nécessite un soin minutieux (filtrage, mélange, etc.).

JUK 죽

Hinjuk

1. Laissez tremper pendant 2 heures 200 g de riz lavé dans 1,5 litre d'eau.
2. Faites cuire l'ensemble à feu vif. Dès l'ébullition, baissez le feu sur très doux et poursuivez la cuisson en remuant régulierement jusqu'à ce que les grains de riz soient fondants.
3. Servez avec de la sauce soja assaisonnée d'huile de sésame grillé et de graines de sésame grillées.

Heukimjajuk

1. Faites tremper pendant 2 heures 160 g de riz lavé dans 600 ml d'eau.
2. Lavez 80 g de sésame noir et épongez-le. Faites-le griller à feu moyen pendant 10 minutes dans une poêle, en remuant sans cesse. Sortez-le immédiatement et réservez sur une assiette dès que vous sentez une odeur de noisette grillée.
3. Mixez le sésame finement avec 350 ml d'eau. Réservez. Mixez le riz égoutté avec 200 ml d'eau.
4. Dans une casserole, versez 900 ml d'eau et le riz. Faites-le cuire à feu vif en remuant sans cesse ; dès l'ébullition, baissez le feu sur feu doux et laissez cuire à couvert pendant 20 minutes en remuant souvent. Ajoutez-y le sésame et poursuivez la cuisson quelques minutes de plus. Salez (facultatif). Décorez de pignons et de jujube séché. Servez chaud.

SSAM, AUMÔNIÈRES DE RIZ EN SALADE

쌈밥

Ssambap, repas en ssam

Recette : repas en ssam

1 Sur la table, disposez un grand bouquet de salades variées, des sauces, de *ssam-jang*, de *gochujang* assaisonné et de *gang-doenjang* (voir p. 23), de l'ail et des piments frais émincés, des *banchan* de votre choix et 4 bols de riz.

2 Pour manger, disposez une ou deux feuilles de salade dans votre main, puis une petite cuillerée de riz, et enfin un peu de sauce(s) et de *banchan*. Formez-en une aumônière et mangez le tout en une bouchée.

Ce plat se marie particulièrement bien avec les viandes grillées.

Ssam signifie « bouchée enveloppée ». Pour autant, il ne s'agit pas de rouleaux ou de raviolis, car le ssam est uniquement enveloppé de feuilles comme la laitue, la romaine, la batavia, la trévise, les feuilles de moutarde ou parfois les algues. Plus difficiles à trouver ailleurs qu'en Corée, les feuilles fraîches de pérille ou de courgette sont très utilisées pour réaliser les ssam.

Clin d'œil

Lors d'une première rencontre amoureuse, aller dans un restaurant de ssam est plutôt mauvais signe. En effet, si l'une des deux personnes propose de manger du ssam, le message à décoder est : « Vous ne me plaisez pas tellement, pas besoin de faire des efforts de coquetterie » (en effet, parler la bouche pleine – bouchée de ssam oblige – va à l'encontre des règles de galanterie).

LES RIZ CUISINÉS

Les plats de riz cuisinés ont un caractère exceptionnel et changent du riz blanc quotidien. Très pratiques, ils sont souvent préparés à partir des restes de riz.

김밥 KIMBAP, RIZ ROULÉ AUX ALGUES

Un plat doux, goûteux et ludique, le kimbap est un snack aimé par tous et très consommé en pique-nique. On peut y ajouter du thon, de la charcuterie ou en faire du 100 % légumes.

Coupez 150 g de pickles de radis jaune en longs bâtonnets (22 cm) de 7 mm d'épaisseur.

Mélangez 120 g de bœuf haché avec un tiers de la sauce de *bulgogi* (voir p. 50) et faites-le cuire dans une poêle. Faites cuire 3 œufs battus comme une crêpe dans une poêle huilée, coupez-les en lanières d'1 cm de largeur. Dans la poêle huilée, faites cuire 1 carotte coupée en longs bâtonnets de 3 mm d'épaisseur. Salez et poivrez.

Préparez 4 portions de riz selon la recette p. 35. Dans un grand bol, aérez les grains de riz en les mélangeant avec 1½ c. à s. de vinaigre de riz, 1 c. à s. d'huile de sésame grillé et 1 c. à c. de sel.

Sur un tapis à makis, posez 1 feuille d'algue *kim*. Répartissez ¼ du riz sur un peu plus de la moitié de sa surface. Posez au centre les garnitures une à une. Roulez la feuille, mouillez avec un peu d'eau le bout de l'algue et collez-la.

Coupez ces 4 rouleaux en rondelles d'1,5 cm d'épaisseur et parsemez de graines de sésame avant de déguster.

BIBIMBAP 비빔밥

Il peut être très simple à réaliser en le garnissant des restes de banchan et de la pâte de gochujang, ou plus sophistiqué et digne de jours de fête (voir la recette p. 78 - Bibimbap).

KIMCHI-BOKKEUMBAP, RIZ SAUTÉ AU KIMCHI 김치볶음밥

Pour les Coréens, ce plat est à la fois très banal et toujours délicieux. Mélangez du riz dans le kimchi sauté avec un peu d'huile végétale. On peut y ajouter en option de la viande de porc, du bacon ou, la dernière tendance, du fromage fondu. Toutes les sortes de kimchi peuvent être utilisées. Accompagné d'une soupe de pousses de soja, vous avez l'un des déjeuners préférés des Coréens.

LES BOUILLONS 육수와 국물

Les Coréens se définissent eux-mêmes comme de grands mangeurs de soupe. Vous trouverez d'ailleurs systématiquement une cuillère à côté des baguettes. La consistance peut être légère comme un bouillon, ou épaisse comme une sauce fluide. Les noms de plats se terminant par guk 국 signifient qu'il s'agit d'une soupe au sens large du terme. On dit aussi tang 탕 ou jang 장. Dans la cuisine coréenne, le bouillon le plus courant est à base de bœuf.

BASES DE RECETTES DE BOUILLONS

육수 만들기

1 2 3

La cuisson d'un bouillon se fait toujours à couvert et départ à froid.
Pour les bouillons de viandes rouges ou d'os, faites dégorger le sang pendant 1 heure (4 heures pour l'os) dans un grand volume d'eau. Il est préférable de jeter l'eau de la première ébullition, remettez de l'eau fraîche et poursuivez la cuisson. Écumez de temps à autre (1), filtrez à l'aide d'une passoire fine à la fin (2) et laissez refroidir et enfin retirez la graisse figée sur la surface (3).
Quelle que soit la durée de la cuisson, les légumes et aromates sont ajoutés 30 minutes avant la fin de la cuisson.
Les recettes suivantes permettent d'obtenir environ 2,5 à 3 litres de bouillon.

집 간장

Pot de sauce soja claire
On assaisonne des bouillons en sel et/ou en sauce soja cheongjang (p. 59).

Les bouillons minute (sans MGS) sont pratiques, car ce sont des sachets de bouillon à faire infuser avec des ingrédients naturels déshydratés.

BOUILLONS BASIQUES

Sogogi-yuksu, bouillon de bœuf

1 Faites cuire 450 g de poitrine de bœuf dans 4,5 litres d'eau claire. Dès l'ébullition, baissez le feu sur moyen-doux, puis laissez cuire pendant 1 heure.

2 Ajoutez 90 g de ciboule et 4 gousses d'ail et poursuivez la cuisson encore 30 minutes.

3 Retirez la viande. La viande peut être tranchée ou déchirée avant d'être incorporée dans un plat.

Myeolchi-yuksu d'anchois séchés

Toastez pendant 1 minute 30 g d'anchois séchés, type bouillon, dans une poêle à sec, retirez leurs intestins. Faites infuser 1 heure 30 g d'algues kombu et les anchois dans 3,3 litres d'eau. Portez à l'ébullition, éteignez le feu, puis laissez reposer 15 minutes. Filtrez et assaisonnez.

Dak-yuksu de poulet

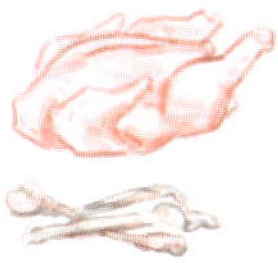

Procédez à la préparation suivant les principes de base (voir p. 40) avec 1 poulet entier ou sa carcasse, 4,5 litres d'eau, 90 g de ciboule, 4 gousses d'ail et un petit morceau de gingembre. Laissez cuire pendant 1 h 30. Pour la carcasse, une cuisson longue donne un meilleur résultat.

Sagol-yuksu d'os de bœuf

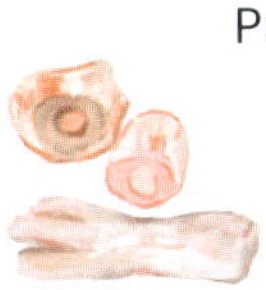

Procédez à la préparation suivant les principes de base (voir p. 40) avec 3 kg d'os ou d'os à moelle de bœuf, 1 kg de tendons de bœuf, 7 litres d'eau et du poivre. Laissez cuire pendant 6 à 12 heures. Ajoutez de l'eau en cours de cuisson si elle s'évapore trop.

Chaesu de légumes

Coupez en petits morceaux 100 g de radis blanc, 100 g de ciboule avec les racines (ou oignons), 100 g de carotte, 10 shiitakés, 70 à 100 ml de sauce soja, 1 piment (facultatif) et faites cuire environ 15 minutes dans 3 litres d'eau bouillante. Filtrez.

Ssalteumul, eau de riz

Rincez le riz. Jetez l'eau des premier et deuxième rinçages. Pour le troisième rinçage, frottez le riz énergiquement avec un peu d'eau. Récupérez cette eau opaque. Elle adoucira les soupes à base de pâte de soja fermenté ou aux légumes cuits à l'étouffée.

Donchimi-gukmul, jus de kimchi comme un bouillon

Ce bouillon est utilisé dans des soupes de nouilles froides, notamment le *naengmyeon*.

LES SOUPES LÉGÈRES 국

Dans un repas quotidien, guk, la soupe, va de pair avec le riz, ils sont toujours servis ensemble. En général, les soupes sont richement garnies de légumes et assaisonnées de sauces fermentées salées (sauce soja, doenjang ou sauce de poisson fermentée).

미역국

Miyeok-guk

시금치국

Sikeumchi-doenjang-guk

콩나물국

Kongnamul-guk

오이냉국

Oii-nenguk

Miyeok-guk, soupe aux algues

1 Réhydratez 20 g d'algues *miyeok* (wakamé) dans 1 litre d'eau pendant 10 minutes et coupez-les en morceaux de 4 cm. Coupez 80 g de gîte de bœuf en petits morceaux, mélangez la viande avec ½ c. à c. d'ail haché, 1 c. à c. de sauce *cheongjang* et 1 c. à s. d'huile de sésame grillé, laissez mariner pendant 10 minutes.

2 Faites cuire la viande pendant 2 minutes sur feu moyen dans une grande casserole sans matière grasse. Incorporez-y les algues et poursuivez la cuisson pendant 3 minutes. Ajoutez 1,5 litre d'eau, 2 c. à c. de sauce *cheongjang* et laissez cuire à couvert pendant 20 minutes. Ajoutez 2 c. à s. de ciboule ciselée, poivrez et rectifiez l'assaisonnement si nécessaire.

Sikeumchi-doenjang-guk, soupe de pâte de soja fermentée aux épinards

Diluez 60 g de *doenjang* dans 650 ml de bouillon de bœuf ou d'anchois, ajoutez-y 650 ml d'eau de riz (voir p. 41). Portez à ébullition sur feu moyen. Ajoutez 250 g de tofu mi-ferme coupé en dés de 2 cm et 1 c. à c. d'ail haché, puis 3 poignées de pousses d'épinards 2 minutes plus tard. Poursuivez la cuisson pendant 2 minutes, ajoutez 2 c. à s. de ciboule émincée à la fin.

Kongnamul-guk aux pousses de soja

C'est l'une des soupes les plus appréciées chez les Coréens, pour son goût rafraîchissant et son prix bon marché. Vous pouvez la réaliser avec du bouillon d'anchois ou de bœuf (voir p. 41).

Recette simplifiée : faites cuire 150 g de pousses de soja dans 1,3 litre de bouillon d'anchois, aromatisez avec un peu d'ail et de ciboule hachée en fin de cuisson. Salez.

Oii-nenguk, soupe froide de concombre

Dans 800 ml d'eau glacée, mettez 3 c. à s. de sauce *cheongjang*, 1 c. à s. de vinaigre de riz, 3 c. à s. de ciboule hachée, 1 c. à c. de sucre, 1 c. à c. de piment rouge émincé, 300 g de concombre râpé et 1 c. à c. de graines de sésame grillées. Mélangez et rectifiez l'assaisonnement en sel. Servez frais.

JEONGOL, FONDUE 전골

Délicieux et ludique, ce plat est aussi très facile à réaliser, puisqu'il suffit de disposer des ingrédients crus et le bouillon dans une casserole large. Les convives s'occupent eux-mêmes de la cuisson directement à table.

Beoseot-jeongol, fondue aux champignons et tofu 버섯전골

1 Préparez 600 g de champignons divers : *eryngii*, girolles, shiitakés, *enoki*, champignons de Paris, etc. Coupez 500 g de tofu mi-ferme en carrés de 4 cm sur 1 cm d'épaisseur.

2 Coupez 100 g de carotte, 100 g de ciboule, 100 g de courgette et 100 g de *minari* (voir p. 20) en bâtonnets de 5-6 cm pas trop épais.

3 Dans une casserole large et peu profonde, disposez joliment la moitié de chaque ingrédient et versez 500 ml de bouillon de bœuf ou de légumes (voir p. 41).

4 Installez le réchaud au milieu de la table, placez dessus la casserole garnie et faites cuire à feu moyen.

5 Disposez devant vos convives des petites louches, des bols individuels, de la sauce soja et du poivre. Dès que les légumes sont assez cuits, chacun se sert à sa convenance.

6 Au fur et à mesure que la casserole se vide, rechargez-la avec les ingrédients restants et 500 ml de bouillon.

7 Ce plat se mange avec du riz et du *kimchi*.

LES SOUPES ÉPAISSES 찌개

Le jjigae 찌개 est un plat entre le ragoût et la soupe. Le bouillon est plus épais que celui du guk. Le goût est aussi plus concentré et sert parfaitement de sauce pour le riz.

CHEONGUK-JANG-JJIGAE, SOUPE DE SOJA FERMENTÉ EXPRESS

Assiette contenant du cheonguk-jang et du doenjang.

청국장 찌개

Recette

1. Dans une casserole, délayez 30 g de *doenjang* et 20 g de *cheonggukjang* (voir *jang* p. 61) dans 350 ml de bouillon d'anchois et 350 ml d'eau de riz (voir p. 41).

2. Ajoutez 100 g de *kimchi* coupé en petits morceaux, son jus et 100 g de shiitakés émincés. Portez à ébullition sur feu moyen. Dès l'ébullition, ajoutez 200 g de tofu mi-ferme coupé en dés de 2 cm et 1 c. à c. d'ail haché. Poursuivez la cuisson encore quelques minutes, puis éteignez le feu. Ajoutez encore 30 g de *cheonguk-jang* et 2 c. à s. de ciboule émincée. Servez chaud avec le riz.

Kimchi-jjigae, soupe de kimchi

Faites sauter pendant 3 minutes 120 g d'échine de porc coupée en petits morceaux à l'huile de sésame dans une casserole, incorporez-y 250 g de *kimchi* (avec son jus) émincé et 1 c. à c. de *gochugaru* (facultatif), et poursuivez la cuisson 1 minute. Ajouter 800 ml d'eau, 300 g de tofu coupé en dés de 2 cm et 1 petit oignon émincé, et faites cuire pendant 5 minutes sur feu fort. Ajoutez 20 g de ciboule émincée en fin de cuisson.

Sundubu-jjigae, soupe de tofu aux fruits de mer

Cette soupe est toujours servie dans une casserole en terre cuite individuelle. On apprécie le contraste entre le bouillon épicé et la douceur du tofu soyeux.

Dans une casserole en terre cuite, faites sauter pendant 30 secondes 1 c. à c. d'ail haché, 2 à 4 c. à c. de *gochugaru*, 1/3 de c. à c. de gingembre haché dans un mélange de 2 c. à c. d'huile de sésame grillé et 2 c. à c. d'huile végétale neutre. Faites sauter 30 secondes de plus en ajoutant 1 c. à s. de sauce *cheongjang* et 3 poignées de palourdes. Puis ajoutez 600 ml de bouillon d'anchois (voir p. 41), 300 g de tofu soyeux et 1 c. à c. de *seu-jeot* (voir p. 22). Salez si nécessaire. Dès l'ébullition, cassez 1 œuf et éteignez le feu. Ajoutez 2 c. à s. de ciboule hachée et quelques tranches de piment frais (facultatif).

BUDAE-JJIGAE, RAGOÛT DE BASE MILITAIRE

1. Dans une casserole, mettez 1 poignée de *kimchi* en petits morceaux, 200 g de saucisse de Montbéliard (ou de SPAM®) coupée en tranches, 4 saucisses de Francfort coupées en tranches, 8 tranches de bacon coupées en petits morceaux, 1 oignon émincé et 1 poignée de pâte de riz (type *topokki* – voir p. 75).
2. Mélangez 2 c. à s. de *gochujang*, 2 c. à s. de sauce soja, 1 c. à s. de *gochugaru*, 2 c. à c. d'ail haché, 2 c. à c. de sucre. Mettez le tout dans la casserole avec 700 ml d'eau et faites cuire à feu moyen.
3. Dès l'ébullition, ajoutez 100 g de nouilles *ramyoen* (p. 72), 100 g de haricots blancs cuits, 2 c. à s. de ciboule émincée. Ajustez la quantité de l'eau. Éteignez le feu quand les nouilles sont assez cuites.

나물 반찬

NAMUL BANCHAN : LES LÉGUMES

Le namul désigne toutes sortes de préparations simples de légumes. Il constitue une partie importante du banchan. Avec un simple légume, on peut obtenir des plats variés et savoureux. Il existe quatre grandes techniques de préparation.

데친 나물

MÉTHODE POUR BLANCHIR-ASSAISONNER

Pour les légumes verts et les pousses.

Recette de base

1. Dans une grande casserole d'eau bouillante salée, faites blanchir 300 à 400 g de légumes : 2 minutes pour les épinards, 5 minutes pour les pousses de soja, puis rincez et pressez-les pour dégorger. Le temps de cuisson varie selon les légumes, sachant que le mieux est qu'ils gardent un peu de croquant.
2. Assaisonnez avec du sel, 1 c. à c. d'ail écrasé, 2 c. à c. de ciboule hachée, 2 ou 3 c. à c. d'huile de sésame grillé (ou d'huile de pérille grillée) et des graines de sésame.
3. On peut varier en y ajoutant de la poudre de piment, ou en remplaçant le sel par la sauce *cheongjang*.

CONFIRE À LA SAUCE SOJA 조림

Yeongeun-jolim, racine de lotus confite à la sauce soja.

Recette de base

1. Découpez 450 g de pommes de terre à la taille d'un petit marron.
2. Dans un bol, mélangez 250 ml d'eau, ½ c. à c. d'ail écrasé, 3 c. à s. de sauce soja, 1 c. à s. de miel, 1 c. à s. de sucre et 1 c. à s. d'huile de sésame.
3. Faites brièvement sauter les pommes de terre avec 1 c. à s. d'huile. Versez-y la sauce et faites cuire une dizaine minutes, à couvert. Saupoudrez de graines de sésame grillées.
4. **Préparation de la racine de lotus :** épluchez 300 g de racine de lotus et faites des tranches de 3 mm d'épaisseur, puis laissez tremper 20 minutes dans 1 litre d'eau avec 3 c. à s. de vinaigre. Égouttez puis cuisinez-la de la même manière que la pomme de terre.

Gamja-jolim, pomme de terre confite à la sauce soja.

MÉTHODE POUR POÊLER-ASSAISONNER 볶음

Gosari-namul,
pousses de fougère
poêlées à l'huile de pérille

Aehobak-namul,
courgette coréenne poêlée

Beoseot-namul,
champignons poêlés

1 Coupez 300 à 400 g de légumes en rondelles ou en petites lanières courtes et pas trop épaisses.

2 Faites-les sauter 1 à 2 minutes avec 1 c. à c. d'ail écrasé dans une poêle avec un peu d'huile végétale sur feu doux. Faites cuire jusqu'à ce que les légumes soient tendres. Salez. Éteignez le feu, ajoutez 2 c. à s. de ciboule ciselée et les graines de sésame grillées pilées.

Préparation des pousses de fougère : la veille, faites bouillir 1,5 litre d'eau. Éteignez le feu, plongez 50 g de pousses de fougère séchées et laissez tremper une nuit à couvert. Le lendemain, égouttez, débarrassez-les des parties coriaces et rincez, puis utilisez-les comme un légume frais. Pour l'assaisonner, on remplace le sel par de la sauce *cheongjang*.

MÉTHODE POUR UNE SALADE CRUE 생채

***Pa-muchim*, salade de ciboule tendre, sauce piquante :** les lanières fines de ciboule sont trempées dans l'eau pendant 10 minutes, égouttées et assaisonnées avec une vinaigrette à la sauce soja sucrée et relevée aux flocons de piments.

***Doragi-nengchae*, salade de racines de platycodon :** la racine est coupée en allumettes, frottée au sel et trempée 1 heure dans l'eau pour retirer l'amertume. Se déguste avec de la sauce à la moutarde aux pignons.

***Geotjeori*, laitue sauce *kimchi* piquant :** *kimchi* instantané ou salade à la sauce façon *kimchi*. Ce plat se mange sur place sans fermentation.

BANCHAN : LES ALGUES, 해초 두부 TOFU ET GELÉES 묵

Les algues occupent une grande place dans la cuisine coréenne pour leur goût iodé et leur texture lisse. Il existe une cinquantaine de variétés comestibles en Corée et de très nombreuses recettes régionales à découvrir.

KIM-GUI, CHIPS D'ALGUES 김구이

Quasi omniprésentes dans les repas de tous les jours, elles servent à envelopper une bouchée de riz.

Recette de base

1. Sur un plateau, badigeonnez finement une feuille de kim d'huile (de sésame ou de pérille) et saupoudrez de sel. Préparez ainsi plusieurs feuilles.
2. Faites-les griller une à une quelques secondes de chaque côté sur une poêle à sec en appuyant avec une spatule jusqu'à ce que la couleur devienne vert transparent. Retirez-les du feu avant l'apparition de traces de brûlure.
3. Coupez-les en huit avec des ciseaux.

❶

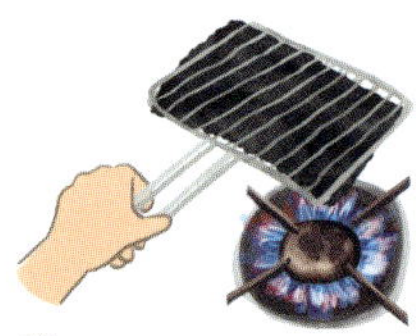

❷

❸

다시마쌈

Dashima ssam
Roulés d'algues dashima (p. 21) au riz, sauce cho-gochujang (voir p. 23).

미역무침

Miyeok-muchim
Salade d'algues miyeok (p. 21) agrémentée à la sauce aigre-douce et à l'huile de sésame.

Le tofu se marie bien avec toutes les sauces et il est une source importante de protéines dans l'alimentation coréenne souvent végétarienne.

두부 만들기

Fabrication du tofu en pas à pas

1. Pour 300 g de tofu, il faut environ 100 g de soja sec. Faites-le tremper pendant 8 heures.
2. Broyez ou mixez le soja ré-hydraté avec l'eau.
3. Filtrez et récupérez le lait.
4. Faites-le cuire, puis ajoutez le chlorure de magnésium pour le faire coaguler.
5. Égouttez et pressez pour former un bloc. Puis, vous pouvez le couper en portions.

Mongeul-mongeul sundubu, nuage de tofu frais
Soupe aux grumeaux de tofu coagulé avant égouttage. On y dilue la sauce yangnyeom-ganjang (voir p. 23).

Dubu-jorim 두부조림, tofu braisé à la sauce pimentée

1. Sur une assiette, étalez 300 g de carrés de tofu de 4 cm sur 1 cm d'épaisseur, salez et laissez-les dégorger pendant 10 minutes. Épongez. Dans 100 ml d'eau, mélangez 1 c. à c. d'ail haché, 1 c. à c. d'huile de pérille, 2 c. à c. de sucre, ½ c. à c. de *gochugaru* et 5 c. à c. de sauce soja. Poivrez.
2. Dans une poêle chauffée à feu moyen, faites dorer le tofu avec un peu d'huile de pérille et versez-y la sauce. Laissez-les cuire en arrosant de sauce de temps à autre.
3. Lorsque la sauce a réduit de moitié, éteignez le feu. Incorporez 2 c. à s. de ciboule émincée et un peu de graines de sésame grillées.

도토리묵

Dotorimuk-muchim, salade de gelée de gland
On apprécie l'arôme boisé du chêne et son goût astringent et tannique. Elle se déguste avec de la sauce yangnyeom-ganjang.

고기반찬

BANCHAN : LES VIANDES

Même si, de nos jours, on assiste à une augmentation de la consommation de viandes dans les banchan quotidiens, celles-ci sont généralement « secondaires » : on les déguste en petites quantités, coupées ou hachées, mélangées à des légumes ou en garniture d'une soupe. Voici quelques plats dont l'ingrédient principal est la viande.

BULGOGI MAISON, BŒUF MARINÉ À LA CORÉENNE

Ingrédients de la marinade

1 Dans un grand bol, mélangez 2 c. à s. de ciboule hachée, 2 c. à c. d'ail écrasé, 2 c. à c. de graines de sésame grillées pilées, 2 c. à s. de sucre, 50 ml de jus de poire, 3 c. à s. de sauce soja et 1 c. à s. d'huile de sésame grillé.

2 Ajoutez-y 400 g de faux-filet de bœuf finement émincé et 1 oignon émincé, mélangez et laissez mariner 20 minutes.

3 Dans une poêle chaude, faites cuire la viande de 3 à 6 minutes. Servez sans attendre avec de la salade verte et la sauce *ssam-jang* (voir p. 23), à la façon *ssam* (voir p. 37).

소불고기

장조림

Jang-jolim, bœuf confit à la sauce soja
Poitrine de bœuf confite, coupée en bâtonnets fins « déchirés ». Ce plat se sert en très petite quantité car son goût est concentré.

JEYUK-BOKKEUM, PORC MARINÉ 제육볶음

C'est une déclinaison du *bulgogi*, mais avec du porc et la sauce *gochujang*, pâte pimentée.

1 Dans un grand bol, mélangez 1 ou 2 c. à s. de *gochujang*, 2 c. à c. de *gochugaru*, ½ c. à c. de gingembre haché, 1 c. à s. de ciboule hachée, 1 c. à c. d'ail écrasé, 2 c. à c. de sucre, 2 c. à s. de sauce soja, 2 c. à s. de vin de riz et 2 c. à s. d'huile de sésame grillé.

2 Ajoutez 500 g d'échine de porc finement émincée et 1 piment vert émincé, mélangez et laissez mariner 20 minutes.

3 Dans une poêle chaude, faites cuire la viande. Si c'est trop sec, ajoutez de l'eau. Saupoudrez de graines de sésame. Servez sans attendre avec de la salade verte, à la façon *ssam* (voir p. 37).

닭찜

Dak-jjim, poulet mijoté à la sauce soja
Même sorte d'assaisonnement que le bulgogi de bœuf, mais avec du poulet. Les légumes sont taillés en gros morceaux et la cuisson est à l'étouffée.

해산물

BANCHAN : LES POISSONS ET FRUITS DE MER

La Corée est le plus grand consommateur de poisson au monde. Grâce à sa position géographique péninsulaire, elle a accès à une très grande diversité de produits de la mer. Ils se préparent frais, séchés ou présalés et se mangent crus, cuits ou fermentés.
Les Coréens sont très exigeants concernant leur fraîcheur et les poissons se vendent rarement en filets. Pour les banchan, ils sont grillés, confits à la sauce soja ou garnissent des soupes.

Les cinq poissons les plus consommés sont le maquereau, le calmar, le poisson sabre, la crevette et le cardeau. Cependant, le plus apprécié dans la cuisine familiale est l'anchois. Il est bon marché, polyvalent (confit, en bouillon, comme snack à grignoter, en accompagnement d'un verre d'alcool…) et facile à conserver.

멸치볶음

Myeolchi-bokkeum, petits anchois séchés confits à la sauce soja.

멸치 종류

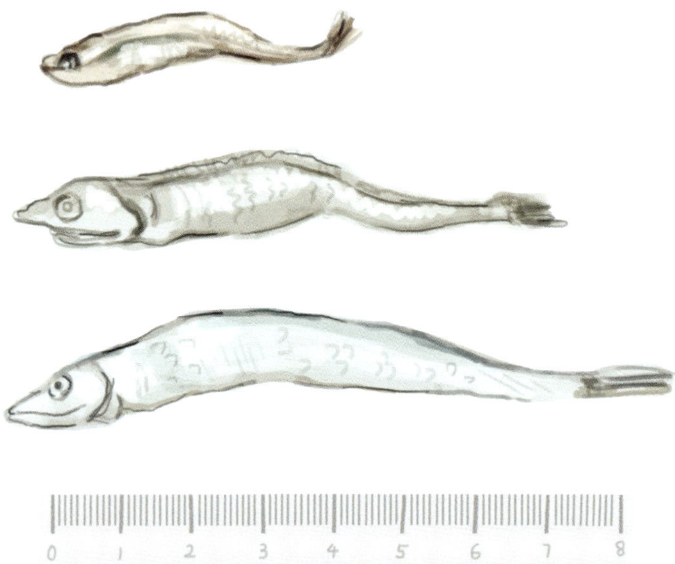

Trois variétés d'anchois selon les usages : le plus petit sert à confire, le plus grand à faire des bouillons et le moyen est polyvalent.

GODEUNGEO-JOLIM, MAQUEREAUX ET RADIS CONFITS

고등어조림

1 Dans une casserole large, étalez 400 g de radis blancs coupés en carrés de 3 cm sur 7 mm d'épaisseur, puis posez les darnes de 2 grands maquereaux.

2 Dans un bol, mélangez 6 c. à s. de sauce soja, 2 c. à c. d'ail écrasé, 1 c. à c. de gingembre haché, 2 c. à s. de sucre, 1 c. à s. de *gochugaru* et 1 c. à s. de *soju* (voir p. 129). Versez 200 ml d'eau sur le poisson, puis la sauce. Faites cuire pendant 15 minutes sur feu moyen, à couvert. Ajoutez 3 c. à s. de ciboule émincée, continuez la cuisson jusqu'à ce que le radis soit fondant et que la sauce ait épaissi.

Ojingeo-bokkeum, calmar sauté aux légumes et sauce gochujang.

오징어볶음

갈치구이

Galchi-gui, poisson sabre grillé.

Comak-muchim, coques vapeur et sauce soja assaisonnée (voir p. 23 - Sauces).

꼬막무침

달걀 BANCHAN : LES ŒUFS

Dans un repas sans viande, un plat contenant de l'œuf apporte une bonne source de protéines animales. Récemment, avec le boom des plats pimentés, l'œuf est devenu un partenaire recherché pour sa douceur.

알찜

뚝배기 계란찜

Aljjim, flan soyeux à l'œuf

Un grand classique de la cuisine traditionnelle. L'œuf est filtré et cuit à la vapeur douce, assaisonné au jus de crevette fermentée.

Ttubegi-gaeranjjim, soufflé en pot en terre cuite

Grâce à ce pot en terre cuite et son couvercle, on obtient une texture légère avec simplement des œufs et de l'eau.

Japchae

Ramyeon, nouilles instantanées : pour combler sa carence nutritive et embellir ce produit industriel.

Kimchi-bokkeumbap, riz sauté au kimchi : la douceur de l'œuf contrebalance l'acidité du kimchi.

Dans le respect de la tradition de l'*obangsek* (voir p. 14), l'œuf intervient en touche finale pour sa couleur jaune (lanières d'omelette, jaune cru entier…).

달걀조림

Oeuf confit à la sauce de soja

DALGYAL-MARI, OMELETTE ROULÉE

달걀말이

Un des *banchan* les plus fréquents, les plus appréciés, les plus nutritifs. À déguster avec du riz et du *kimchi* pour un plat complet.

1 Faites passer 8 œufs cassés à travers un tamis. Salez, poivrez et ajoutez 4 c. à s. de carotte et 4 c. à s. de ciboule, toutes deux finement hachées.

2 Faites chauffer une poêle sur feu vif. Quand elle est bien chaude, baissez le feu au plus doux. Enduisez la poêle d'huile.

3 Étalez un quart de l'œuf et pliez-le sur une largeur de 4 cm à l'aide d'une spatule. Glissez l'œuf ainsi roulé sur un côté de la poêle et enduisez de nouveau la poêle d'huile.

4 Versez un deuxième quart de l'œuf – faites-le couler de sorte que le bout de l'œuf roulé précédent chevauche le deuxième.

5 Continuez à rouler en laissant un petit bout dépasser. Glissez le rouleau sur le côté de la poêle. Versez un troisième quart de l'œuf, puis continuez à rouler en répétant la même opération.

6 Faites dorer toutes les faces du rouleau pendant 2 minutes. Sortez et laissez l'omelette refroidir un moment, puis coupez-la en tranches d'1 à 2 cm.

발효 음식

LA FERMENTATION

En Corée, les artisans de la fermentation n'hésitent pas à s'autoproclamer « alchimistes de la nature ». Ils sont, disent-ils, capables de déceler dans l'air ambiant les conditions idéales pour la fermentation de leurs jang : les fameux condiments fermentés, fondements de la cuisine coréenne.

Ils emploient également de l'argile fermentée pour fabriquer vaisselle et jarres dans lesquelles les kimchi et les jang reposent au fil des saisons, le temps nécessaire à leur maturation.

장 LES JANG : CONDIMENTS FERMENTÉS

Sans les aliments fermentés, la cuisine coréenne perdrait son charme ; ils ont façonné le palais des Coréens tout en leur fournissant des nutriments essentiels.

C'est également un héritage spirituel. En effet, avant les découvertes scientifiques liées au processus de la fermentation (présence de bactéries, etc.), les gens croyaient que des forces mystérieuses (leurs ancêtres, considérés comme des anges gardiens) intervenaient avec bienveillance dans le processus. La fermentation a sans doute favorisé une sensibilité au monde invisible et mystérieux, qui naîtrait d'une intervention spirituelle, sans explication scientifique.

Le jangdokdae, réservoir d'aliments fermentés et demeure de l'esprit protecteur de la maison

Les anciens y venaient pour se servir du jang, mais aussi pour énoncer leurs vœux. La chaussette collée à l'envers piégerait les mauvais sorts. En réalité, leur couleur blanche reflète la lumière vers les recoins ombragés en aidant à assainir les lieux.

Doenjang, pâte de soja fermenté

Jang, 장, désigne des condiments fermentés au sel, à base de soja en général. Dans la cuisine coréenne, ils sont aussi importants que le sel. On les mange en soupes, en sauces, ils remplacent parfois le sel et peuvent être utilisés comme remèdes de grand-mère.
Leur goût umami, dérivé des protéines de soja, digérées par les microorganismes, apporte des saveurs aux repas végétariens et au riz.

콩

Soja jaune, noir et vert

Trois variétés de soja
Cette légumineuse est originaire de la Mandchourie, où se situaient les anciens royaumes coréens. Dans ces pays bouddhistes végétariens, le soja était une source indispensable de protéines. Très tôt, il est consommé fermenté, car le soja non fermenté est peu digeste.

LES VARIÉTÉS DE CONDIMENTS DE SOJA FERMENTÉ

된장

Doenjang : pâte de soja fermenté

고추장

Gochujang : pâte de soja fermenté au piment

청국장

Cheongukjang : grains de soja fermenté express

간장 Ganjangs : sauce de soja – 3 sortes :

Claire de moins d'un an (cheongjang)

Moyenne d'1 à 4 ans (jungjang)

Vieillie (jinjang)

LA FABRICATION DES DOENJANG ET GANJANG ARTISANAUX 장 담그기

La fermentation naturelle, sans utiliser le ferment démarreur, nécessite une grande expérience pour s'adapter aux conditions naturelles environnantes. Il est donc normal que chaque cuvée donne un goût différent, une preuve de la diversité microbienne qui est bénéfique pour notre santé.
Cette méthode naturelle est aléatoire et coûteuse. Aujourd'hui, les usines produisent les *jang* en utilisant des microbes simplifiés. Ainsi le goût est stable et la durée de fermentation raccourcie, de 3 à 12 mois.

1 Cuisson.

2 Écrasement.

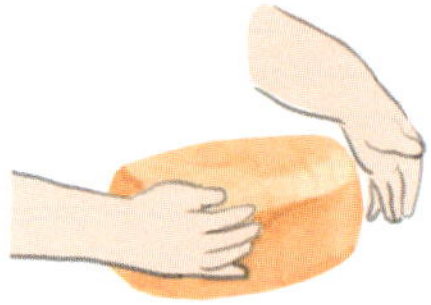

3 Modelage.

4 Première fermentation au frais en contact avec paille de riz : 1 mois.

5 Deuxième fermentation au chaud : 1 mois.

6 Meju : levain de soja prêt.

7 Troisième fermentation dans la saumure : 2 ou 3 mois.

8 Filtrage, dont le solide est le doenjang et le liquide est le ganjang.

9 Affinage : 1 à 5 ans et plus.

GOCHUJANG, PÂTE DE SOJA FERMENTÉ AU PIMENT

Bien que le piment ne soit introduit en Corée que vers le XVIIe siècle, son goût sucré et épicé a rapidement conquis les Coréens. Le fameux poulet frit et le ***toppoki*** n'en seraient pas là aujourd'hui si le ***gochujang*** n'existait pas.

Les ingrédients du gochujang : meju en poudre, farine de riz, malt, sirop de riz, poudre de piment et sel.

Piment frais au gochujang. Le saviez-vous ? Les Coréens mangent le piment frais à la sauce de piment !

CHEONGGUKJANG, SOJA FERMENTÉ EXPRESS 청국장

Il est issu d'une fermentation courte (1 ou 4 jours) sans sel. L'avis des gens est divisé entre les amateurs fervents et les grincheux gênés par son odeur forte, mais il est salué unanimement pour ses vertus diététiques. On le consomme cuisiné, en ragoût (voir recette p. 44), mais aussi sous forme de comprimés en complément alimentaire.

1 Dans une casserole, laissez tremper pendant 8 heures 200 g de soja jaune biologique lavé dans 600 ml d'eau.

2 Portez le tout à ébullition et poursuivez la cuisson sur feu très doux, à couvert, jusqu'à ce que les graines soient très fondantes (3-4 heures). Remuez régulièrement. Ajoutez de l'eau si nécessaire. À la fin, l'eau doit être absorbée, mais ça reste bien humide. Éteignez le feu.

3 Mélangez avec 2 ou 3 pailles de riz ou 1 c. à c. de riz complet cru. Étalez le soja sur 2 cm d'épaisseur dans un (des) récipient(s) large(s). Intercalez du papier propre juste au-dessous du couvercle pour absorber l'eau de condensation (il ne doit pas toucher le soja). Fermez. Laissez fermenter au chaud (35-39 °C) pendant 1 à 4 jours.

4 Un voile blanc et une odeur de fromage apparaissent. Des fils se forment quand on remue les graines. Pour le manger nature cru, 1 ou 2 jours de fermentation sont suffisants.

AUTOUR DU KIMCHI 김치

Les ancêtres du kimchi étaient sans doute des légumes simplement fermentés avec du sel, méthode universelle de conservation. La spécificité coréenne commence avec l'utilisation de soja fermenté en guise de sel.

L'intervention des épices complexes, spécifique du *kimchi*, remonte à environ 500 ans. À l'étranger comme en Corée, le *baechu kimchi*, chou pe-tsaï au *gochugaru* (flocons de piment), est le plus connu et le plus consommé. Son aspect actuel date de 200 ans environ. Auparavant, la variété de chou était différente, les poivres ou la moutarde étaient utilisés comme aromates, le piment était moins présent.

Réservoir de kimchi à l'ancienne.

김장

Kimjang, kimchi d'hiver

Durant l'hiver, les légumes fermentés procuraient des vitamines et des nutriments. Conservés dans des jarres enterrées (contenants parfaits pour le *kimchi*, de 0 à -1 °C même en hiver, alors qu'en Corée, la température peut descendre facilement au-dessous de -10 et même -20 °C au nord du pays), on pouvait obtenir des légumes savoureux, aussi bons que des produits frais.
La préparation de *kimjang* est un rituel collectif annuel consolidant les liens sociaux, et inscrite au patrimoine mondial de l'Unesco.

LA FABRICATION DU KIMCHI DE CHOU ENTIER

1 Faites fondre 100 g de sel de mer dans 1 litre d'eau, plongez-y un chou chinois d'1 kg coupé en deux ou en quartiers. Laissez mariner 6 heures en retournant régulièrement. Écartez les feuilles denses proches du trognon pour la pénétration de la saumure.

2 Rincez abondamment à l'eau fraîche et laissez-les s'égoutter 10 minutes.

3 Dans un bac, mettez 20 à 30 g de *gochugaru*, 2 ou 3 c. à c. d'ail haché, 1 c. à c. de gingembre haché, 1 c. à s. de sucre, 1 c. à s. de sauce de poisson fermenté (ou de sauce soja), 150 g de radis blanc en allumettes, 2 c. à c. de farine de riz bouilli dans 70 ml d'eau (facultatif) et 40 g de ciboule émincée. Mélangez le tout.

4 Réservez une grande feuille de chou. Insérez la sauce entre les feuilles de chou.

5 Placez les choux dans un récipient, bien serrées, sans poches d'air. Laissez 3 cm entre les feuilles et le couvercle.

6 Couvrez le tout de la grande feuille réservée (gardez-la jusqu'à ce que vous ayez tout consommé).

7 Fermez le récipient, laissez fermenter 2 jours à température ambiante, puis placez dans le réfrigérateur. Dès le 5e jour, vous pouvez le consommer. Après 2 ou 3 semaines, le goût est à point.

Note : pour la fabrication des aliments fermentés, le sel de mer non iodé ni fluoré est recommandé.

Pour le *kimchi* blanc : remplacez le *gochugaru* par quelques filaments (ou tranches) de piment séché.

막김치

Makkimchi, baechu kimchi facile

Coupez le chou en morceaux de 3 ou 4 cm. Procédez ensuite comme pour la recette de chou entier, mais le temps de salage sera plus court, soit 3 heures. Après l'égouttage, mélangez le chou avec la sauce.

KAKTUGI, KIMCHI DE POIRE OU DE RADIS BLANC

깍두기

La version au radis blanc se marie bien avec le *seoleong-tang* (voir p. 80).

1. Dans un grand bol, mélangez 500 g de poire asiatique coupée en dés d'1,5 cm avec 10 g de sel de mer fin et laissez dégorger 30 minutes, puis égouttez-les.
2. Dans un grand bol, mélangez 10 g de *gochugaru*, ½ c. à c. de gingembre haché, ½ c. à c. d'ail haché, 1 c. à s. de sauce soja. Ajoutez-y la poire et 20 g de ciboule émincée. Mélangez.
3. Placez l'ensemble bien serré dans un bocal de 500 ml. Laissez un peu d'espace entre la poire et le couvercle. Fermez hermétiquement.
4. Laissez fermenter 2 jours à température ambiante, puis au réfrigérateur au moins 1 semaine. Le *kaktugi* se conservera au frais 1 mois ou plus.

NABAK-KIMCHI, KIMCHI À L'EAU PIMENTÉE

나박김치

1. Coupez 300 g de chou chinois en morceaux de 3 ou 4 cm. Faites-les mariner 2 heures dans 500 ml d'eau salée avec 50 g de sel de mer. Rincez abondamment et laissez égoutter 5 minutes.
2. Dans un grand bol, faites fondre 10 g de sel dans 600 ml d'eau, ajoutez 2 c. à c. de *gochugaru*, 1 c. à s. de sucre blanc, 1 c. à c. d'ail écrasé, ½ c. à c. de gingembre haché, 15 g de ciboule et 30 g de *minari* (voir p. 20) coupé en tronçons de 3 cm et 70 g de radis blanc coupé en carrés de 3 cm sur 3 mm, ainsi que le chou salé. Versez l'ensemble dans un bocal d'1 litre, fermez.
3. Laissez fermenter 2 jours à température ambiante, puis au réfrigérateur de 1 à 3 semaines.

치 보관하기 · 먹는 방법

COMMENT BIEN CONSERVER LE KIMCHI ET COMMENT L'UTILISER

Cave à kimchi électrique

Lorsque vous placez le *kimchi* dans le contenant, pressez-le pour éviter les poches d'air. Le jus doit recouvrir le *kimchi* afin d'éviter le contact avec l'air, qui ramollirait la texture du légume. S'il en manque, versez un peu de saumure à 2 % (2 g de sel/100 ml d'eau). Recouvrez le tout d'une grande feuille de chou.

Selon la température ambiante, la vitesse de la fermentation varie. Goûtez à partir du cinquième jour, quand le goût fermenté – l'acidité – commence. Si vous désirez obtenir un goût plus fort, attendez plus longtemps. À titre indicatif, pour un bocal d'1 litre de *kimchi*, une durée de 2 ou 3 semaines est parfaite ; il sera agréablement acide, croquant et riche en nutriments.

La durée de conservation peut aller jusqu'à des mois voire des années tant que l'acidité est présente ; en revanche, le *kimchi* perdra en goût et en qualités nutritionnelles.
Quand les *kimchi* sont trop vieux, trop acides, cuisinez-les avec d'autres produits doux : riz, viandes, œufs ou légumes.

Utilisations de vieux kimchi

Kimchi-jeon, crêpes au kimchi
Crêpe acidulée avec le croquant du kimchi, enrichie au porc ou au fromage.

Raviolis au kimchi
Suivez la recette de raviolis aux viandes (voir p. 75) en remplaçant les pousses de mungo par le kimchi haché.

동치미

Dongchimi, kimchi de radis spécial bouillon

Son jus est utilisé pour le bouillon de divers plats de nouilles ou comme remède anti-gueule de bois.

1. Dans un bac, mélangez 1 kg de radis blanc coupé en bâtonnets de 5 cm sur 1 cm d'épaisseur avec 40 g de sel de mer. Laissez dégorger 15 minutes et égouttez-les dans une passoire.

2. Dans un grand bocal de 3 litres, mettez 40 g de sel de mer, 40 g de ciboule coupée en tronçons de 5 cm, 4 gousses d'ail émincées, 2 c. à c. de gingembre émincé, ½ poire et ½ pomme coupées en gros morceaux, 1 oignon émincé, 4 piments verts fermentés (ou au vinaigre), 1 piment rouge émincé, puis le radis salé. Remplissez-le d'eau, en laissant 4 cm d'espace vide sur le haut, faites dissoudre le sel et fermez le bocal. Laissez fermenter 2 jours à température ambiante, puis au frais au moins 1 mois.

LE KIMCHI PAR RÉGIONS 한국의 김치

Bossam kimchi, kimchi surprise de chou pe-tsaï
Baek, kimchi de chou pe-tsaï
Pyongan
Dongchimi, kimchi de radis blanc à l'eau
Hamgyong
Kangwon
Gangwon
Sikhae, kimchi de radis et de poissons séchés au millet
Andong-sikhye, boisson façon kimchi au radis blanc, riz, malt et eau pimentée
Kongnip, kimchi de feuilles de soja
Pa, kimchi de ciboule

AUTRES PRODUITS FERMENTÉS

Les produits de la mer, les fruits et les céréales ont aussi leurs versions fermentées. Maturés plusieurs années, ils deviennent des exhausteurs de goût efficaces, par exemple, le *gaejang* (voir p. 92), surnommé « voleur de riz », car extrêmement goûteux.

젓갈

Jeotgal

Produits de la mer fermentés au sel, crevettes fermentées, sauce de poisson, d'anchois.

식해

Sikhae

Poissons aux légumes et céréales fermentés : une sorte de kimchi.

명란젓

Myeonlan-jeot

Œufs de poisson fermentés.

삭힌 홍어

Sakin-hongoe

Raie fermentée, équivalent coréen du maroilles français pour sa force odorante !

À part les *kimchi* et le soja, d'autres végétaux se fermentent aussi de différentes méthodes : des boissons, des vinaigres, et bien sûr des alcools.

안동식혜

Andong-sikhye

Boisson façon kimchi, pimentée de radis blanc, de riz et d'orge malté.

식초

Vinaigres

À base de makkoli, bière de riz (voir p. 128) et de kaki.

청

Cheong

Sirop de végétaux fermentés (voir p. 125) au miel ou au sucre.

JANGAJJI D'AIL 장아찌

La sauce soja sert à conserver des végétaux comme le *jangajji* d'ail ou de feuille de soja.

1 Dans un bocal de 500 ml type Le Parfait®, versez 100 ml de sauce soja et faites fondre 2 c. à s. de sucre.

2 Détachez 300-400 g d'ail en gousses (petit calibre), placez-les dans le bocal et ajoutez quelques grains de poivre. Remplissez-le d'eau en laissant 2 cm d'espace vide au-dessous du couvercle. Laissez reposer 3 jours à température ambiante.

3 Récupérez seulement le jus dans une casserole et faites-le bouillir à couvert. Remettez le jus refroidi dans le bocal. Laissez mariner 3 mois minimum dans un endroit frais avant de consommer.

국수와 만두

PÂTES ET NOUILLES

Le blé n'étant pas une ressource coréenne, il est donc rarement utilisé dans les recettes traditionnelles. Si le riz en grains était alors fréquemment consommé, les nouilles et les pâtes étaient des denrées rares, réservées aux grandes occasions.

De nos jours, l'importation de blé et la production de riz local sont massives et les aliments à base de farines sont devenus aussi accessibles que populaires. Ils appartiennent désormais à la catégorie bunsik, « restauration rapide », mais se traduisent également par « repas de farines ».

GUKSU, LES NOUILLES 국수

Pour les Coréens, un repas habituel comprend toujours du riz. Les plats de nouilles sont davantage consommés comme des « en-cas ».

VARIÉTÉS DE NOUILLES

Nouilles de sarrasin : se mangent froides ou chaudes.

메밀면

Nouilles spéciales nengmyeon de sarrasin.

냉면국수 (메밀)

Nouilles de fécule de patate douce, pour japchae (voir p. 73).

당면

Nouilles spéciales nengmyeon à base de fécule.

냉면국수 (녹말)

Nouilles de blé fines pour janchi-guksu et bibim-guksu (voir p. 73).

소면

Nouilles de blé pour jjajang-myeon (voir p. 114).

밀면

Les *nengmyoen,* nouilles froides de sarrasin (voir p. 112), ont comme fervents fans des personnes âgées, alors que les *ramyoen* instantanées (voir p. 115), objet de fusion et de créativité, sont adorées par les jeunes. Les nouilles provoquent de véritables passions chez les Coréens.

Nouilles de blé élastiques.

쫄면

Nouilles de blé instantanées frites pour ramyoen.

라면

Astuces pour faire cuire les nouilles

1 Plongez les nouilles dans l'eau salée à l'ébullition et remuez immédiatement.

2 Dès que la mousse monte vigoureusement, versez un verre d'eau froide et remuez. Répétez la même opération 3 fois, chaque fois que l'eau remonte.

3 Versez les nouilles cuites à votre goût dans une passoire et rincez plusieurs fois à l'eau bien fraîche. Utilisez-les telles qu'elles sont. Pour des plats chauds, passez-les d'abord dans un bouillon chaud.

JAPCHAE, NOUILLES TRANSPARENTES AUX LÉGUMES 잡채

Recette végétarienne

1 Faites tremper pendant 30 minutes 100 g de nouilles de *dangmyeon* dans 1 litre d'eau chaude.

2 Préparez 100 g d'épinards en suivant la recette de la page 46.

3 Émincez 60 g de shiitakés et 1 petit oignon, coupez 1 petite carotte en allumettes. Dans une poêle huilée, faites-les cuire séparément tout en gardant leur croquant. Salez, poivrez et réservez.

4 Préparez un *dalgyal-jidan* avec 2 œufs (voir p. 15).

5 Dans une casserole, faites bouillir 200 ml d'eau avec 2 c. à s. de sauce soja, 1 c. à s. d'huile de sésame et 2 c. à c. de sucre. Versez-y les nouilles égouttées et faites-les cuire à feu moyen en remuant jusqu'à totale absorption de l'eau. Éteignez le feu, incorporez les légumes. Déposez le *dalgyal-jidan*, saupoudrez de graines de sésame.

Bibim-guksu, nouilles froides et sauce épicée.

Janchi-guksu, nouilles fines au bouillon chaud.

Dans beaucoup de plats coréens, les garnitures sont librement choisies en variant la couleur.
Par exemple, déposez les garnitures sur des nouilles de blé fines cuites selon la méthode ci-dessus. En y ajoutant du bouillon d'anchois (voir p. 41), vous obtenez un *janchi-guksu*. Sans bouillon, ajoutez la sauce *cho-gochujang* (voir p. 23), et votre *bibim-guksu* est prêt !

MANDUS, RAVIOLIS ET TTEOK, PÂTES DE RIZ

Les mandu 만두, raviolis, peuvent être farcis de multiples manières, avec des ingrédients rares ou des ingrédients de tous les jours comme le kimchi. Ils sont servis aussi bien pour de grandes occasions qu'au quotidien, sur les stands de street food.

TTEOKMANDU-GUK, SOUPE DE PÂTES DE RIZ ET DE RAVIOLIS 떡만둣국

Recette au bouillon de bœuf ou d'os de bœuf (voir p. 41). Les variantes possibles : avec uniquement des pâtes ou des raviolis. Ou un mélange des deux.

Laissez tremper 15 minutes 400 g de pâtes de riz en rondelles dans l'eau chaude. Mettez 12 *mandu* et les pâtes égouttées dans 1,5 litre de bouillon de bœuf à l'ébullition. Ajoutez 1 c. à c. d'ail haché, 1 c. à s. de sauce *cheongjang*. Faites-les cuire 3 à 5 minutes sur feu moyen. Éteignez le feu, ajoutez 2 c. à s. de ciboule émincée, salez et poivrez. Déposez un peu de *dalgyal-jidan* (voir p. 15) et des miettes de *kim-gui* (voir p. 48).

4 variétés de raviolis

Pyeonsu

편수

Mimandu

미만두

Gaesung Mandu

개성만두

Gyoza Mandu

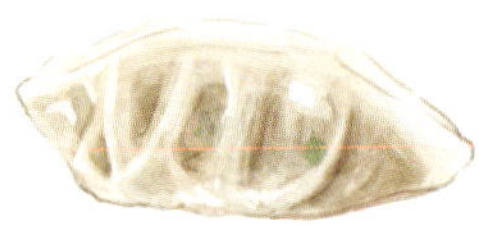

교자

GAESUNG MANDU, RAVIOLI ROND AUX VIANDES

1 Dans un grand bol, amalgamez 220 g de farine de blé et 20 g de farine de riz, versez-y 190 ml d'eau chaude, pétrissez pour obtenir une pâte lisse. Laissez-la reposer 1 heure à couvert.

2 Dans une poêle, faites cuire 100 g de poireau haché sur feu doux avec un peu d'huile végétale. Salez.

3 Préparez 250 g de pousses de mungo selon la recette de la page 46. Hachez-les grossièrement.

4 Dans un bol, mélangez 2 gousses d'ail hachées, 2 pincées de gingembre en poudre, 1 c. à s. de sauce soja, 1 c. à s. d'huile de sésame, 1 c. à s. de vin de riz. Ajoutez-y les viandes hachées, 100 g de bœuf et 100 g de porc, puis 125 g de tofu ferme écrasé. Malaxez le tout. Incorporez-y les légumes, poivrez.

5 Formez 25 boules avec la pâte, abaissez chaque pièce en un disque fin de 8 cm de diamètre sur un plan de travail fariné.

6 Posez un disque de pâte dans votre main et disposez au centre 1 c. à s. de la farce. Mouillez avec de l'eau le bord de la pâte, repliez-la pour enfermer la farce et collez le bord en pressant, puis joignez les deux extrémités.

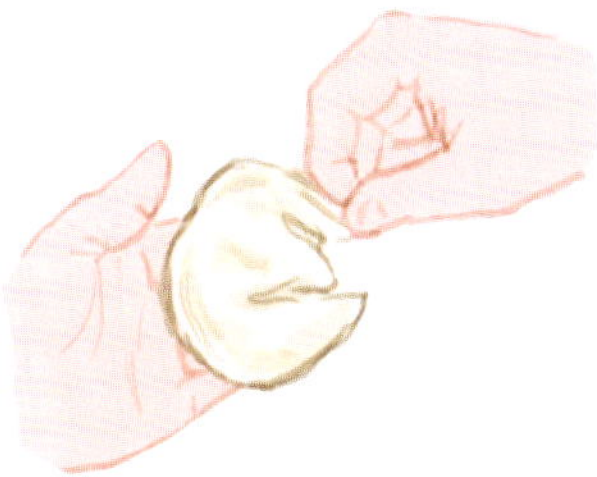

Tteok 떡 désigne les pâtes de riz cuites et les pâtisseries à base de riz. Pour les plats salés, elles sont modelées en forme de bâtons, on les appelle *garaetteok*.

Topokki, pâtes de riz et sauce sucrée-salée pimentée.

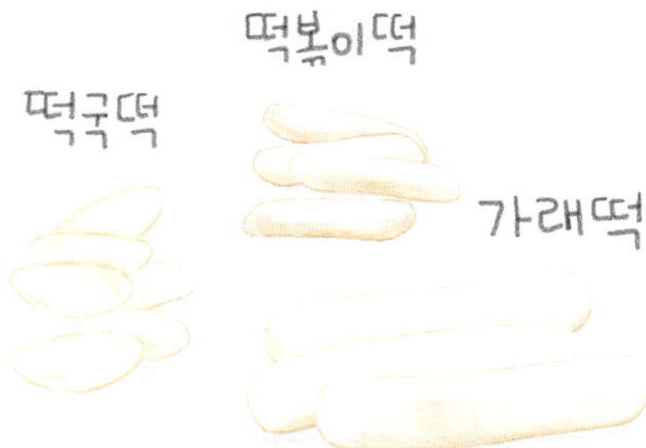

3 formes de pâtes de riz pour cuisiner (cuisine salée) : garaetteok, pâtes de riz entières ; coupées en rondelles pour la soupe ; en bâtonnets pour le toppoki.

꼭 먹어봐야 할 음식

PLATS PHARES ET FESTIFS

À l'origine, en Corée, seuls les jours de fête donnaient l'occasion de partager un repas de viande. Aujourd'hui, même si elle est devenue beaucoup plus accessible, la présence de la viande marque toujours une occasion particulière.

C'est une opportunité pour les Coréens de s'éloigner des grandes villes, à la découverte des terroirs et des restaurateurs réputés pour leurs spécialités régionales.

LE BIBIMBAP

Le bibimbap 비빔밥, qui signifie « riz mélangé », est un plat équilibré comprenant un féculent, le riz, une grande quantité de légumes variés et une petite quantité de produit d'origine animale, viande ou œuf. Il en existe de nombreuses versions et chacun peut laisser libre cours à sa créativité. Une des hypothèses de l'origine du bibimbap serait le partage de repas provenant des offrandes aux ancêtres dans la tradition confucéenne.

Alors que le *bibimbap* de Jeonju, le plus connu, montre un aspect sophistiqué avec la représentation de cinq couleurs, d'autres versions peuvent être plus faciles à réaliser avec l'utilisation des *banchan* restants en guise de garniture.

Le choix de la sauce, *gochujang* ou sauce soja, est libre.

BIBIMBAP DE JEONJU 전주비빔밥

Jeonju est une ville réputée pour la gastronomie coréenne. Son *bibimbap* est souvent considéré comme le plus beau.

1 Préparez 450 g de riz rond selon la recette de la page 35 en remplaçant l'eau par le bouillon d'os.

2 Séparez le blanc du jaune de 4 œufs. Salez les blancs et faites-les cuire sans les colorer dans une poêle à feu très doux, puis coupez-les en lanières. Réservez les jaunes.

3 Préparez 150 g de pousses de soja selon la recette de la page 46.

4 Émincez finement 150 g de shiitakés, coupez 2 carottes et 300 g de courgettes en allumettes. Faites chauffer une poêle, versez 2 c. à c. d'huile et commencez par faire cuire les courgettes 30 secondes avec 2 c. à s. de ciboule émincée. Salez, poivrez et réservez. Faites cuire de la même manière les carottes (30 secondes) et les champignons (2 minutes). Réservez les légumes séparément.

5 Coupez 150 g de rumsteck en allumettes fines, assaisonnez-les avec un tiers de la sauce de *bulgogi* (voir p. 50) et faites-les cuire dans la poêle.

6 Dans 4 grands bols, disposez du riz, puis chacun des éléments de la garniture, et posez 1 jaune d'œuf cru au milieu. Décorez avec des pignons et fruits de ginkgo. Servez la sauce *gochujang* et/ou la sauce soja assaisonnée (voir p. 23) à part, chacun pourra ainsi choisir la sauce et la doser selon ses goûts.

Sanchae bibimbap, végétarien

Spécialité de la province de Gangwon, ce plat était à l'origine exclusivement garni de légumes montagnards, déshydratés ou fraîchement cueillis au printemps.

Aujourd'hui, on utilise toutes sortes de légumes pour le réaliser : champignons, légumes verts, rondelles de courgettes séchées réhydratées, pousses de fougères, racine de platycodon et de radis blanc au piment.

On prépare le riz croustillant sur le *dolsot*, casserole en pierre huilée et chauffée.

Seonggae bibimbap, à l'oursin de l'île de Geoje

Avec des oursins, des miettes d'algues séchées, des jeunes pousses, du chou rouge râpé et des graines de sésame grillées.

Bibimbap d'Andong

Andong est une ville d'où sont originaires de nombreuses familles nobles. La garniture est composée de racine de platycodon, d'aubergine, d'épinards, de bœuf confit à la sauce soja, de pousses de soja et de graines de sésame grillées. Il est servi avec la sauce soja assaisonnée (voir p. 23).

Bibimbap au lard de Haeju, en Corée du Nord

Il se caractérise par son riz sauté au lard. Il est garni de poitrine de porc, de blanc de poulet, de pousses de fougère, de pousses de mungo, de céleri d'eau et de miettes d'algues kim grillée. Il est servi avec la sauce de soja assaisonnée.

Il existe encore de nombreux autres *bibimbap* moins connus, composés de produits régionaux très typiques.

탕류 SOUPES FESTIVES

Si l'association « riz-soupe » est la base de repas quotidiens, certaines soupes constituent un plat principal laissant au riz (bien que toujours indispensable) une place secondaire. Il s'agit de soupes festives, richement garnies, qui ne s'accompagnent pas forcément de banchan mais de kimchi, qui est en revanche toujours présent.

설렁탕

SEOLEONG-TANG, POT-AU-FEU BLANC AU BŒUF AU BOUILLON D'OS

Le riz peut être servi trempé dans la soupe ou séparément. Le *kimchi* de *kaktugi* (voir p. 64) est idéal pour accompagner ce plat.

1 Portez à ébullition 2 litres de bouillon d'os et viande (voir p. 41). Ajoutez-y 2 ou 3 gousses d'ail écrasées, salez et poivrez.

2 Faites cuire 100 g de nouilles de blé fines, rincez à l'eau froide et égouttez-les. Émincez finement la viande issue du bouillon.

3 Disposez les nouilles dans 4 grands bols. Versez-y le bouillon chaud, posez les tranches de bœuf et parsemez 1 c. à s. de ciboule finement émincée sur le dessus.

육개장

Yukgaejang

Bouillon de bœuf pimenté, garni de viande de bœuf, ciboule, pousses de mungo et pousses de fougère. Il est servi avec de l'huile de piment à part.

삼계탕

Samgyé-tang

Il s'agit d'une soupe de coquelet à la décoction de plantes médicinales dont le fameux ginseng. Le coquelet est farci de riz gluant, jujube et ail.

전 JEON, LES FRITURES FESTIVES

Jeon 전 désigne des mets frits ou poêlés, enrobés de farine de blé et d'œuf battu. Toutes sortes d'ingrédients peuvent être préparés de cette façon : filets de poisson, légumes, viandes, champignons, tofu, etc. Le jeon est l'un des plats symboliques des fêtes traditionnelles.

MODEUM-JEON, JEON ASSORTIS 모듬 전

Jeon en 3 étapes

1 Farinez.

2 Trempez dans l'œuf battu.

3 Poêlez et décorez (facultatif) dans une poêle huilée.

해물파전

Le *jeon* comprend aussi des crêpes garnies. *Haemulpa-jeon* 해물파전, la galette aux fruits de mer et ciboule, est une spécialité de Busan, ville portuaire. La ciboule peut être laissée entière pour plus de plaisir de mâche.

1 Coupez 250 g de ciboule en tronçons de 5 cm. Préparez 400 g de mélange de fruits de mer (coquillages, calmars, crevettes, etc.). Si nécessaire, coupez-les en morceaux ne dépassant pas 3 cm. Battez et filtrez 3 œufs à travers une passoire, salez.

2 Dans un saladier, mélangez 250 g de farine de blé et 300 ml d'eau, salez et poivrez. Versez-en un quart dans un bol, incorporez-y délicatement un quart de ciboule et un quart de fruits de mer.

3 Faites chauffer une poêle sur feu moyen, huilez généreusement, puis étalez le mélange. Arrosez-le avec un quart de l'œuf battu. Laissez cuire entre 2 et 3 minutes, puis retournez la galette. Huilez de nouveau la poêle et poursuivez la cuisson encore 2 ou 3 minutes.

4 Réalisez 3 autres galettes de la même façon. Servez chaud avec la sauce soja vinaigrée (voir p. 23).

빈대떡과 막걸리

Bindae-tteok

Galette de haricot mungo, garnie de pousses de mungo, de pousses de fougère, de kimchi et de porc. Ce plat est devenu populaire comme street food à Séoul dès le début du XXe siècle et l'est encore aujourd'hui. Il se marie très bien avec le makkoli.

불고기 : 직화 구이 LE BŒUF

Après une longue période bouddhiste, l'invasion mongole a été l'occasion d'introduire de la viande en Corée, ainsi que de nombreuses recettes de grillades en cuisson directe sur le feu. Autrefois, l'animal était utilisé pour labourer les champs et il n'était abattu qu'à la fin de sa vie, donnant ainsi une viande extrêmement dure. Les marinades dans des sauces fermentées et des purées de fruits permettaient d'attendrir la viande. Ce procédé explique les nombreuses recettes de marinades sucrées-salées dans la cuisine coréenne.

LES GRILLADES DE BŒUF

Le *bulgogi* 불고기 est une grillade de bœuf très appréciée par les Coréens. Il existe plusieurs recettes régionales. Les meilleurs bulgogi se préparent avec la hanwoo, race bovine originaire de Corée. Différentes sortes de grilles sont utilisées : plate, en dôme troué ou en fonte.

서울식

3 variétés de bulgogi

Le *bulgogi* façon Séoul se caractérise par son goût sucré et sa sauce abondante. On y plonge des nouilles de fécule de patate douce.

언양식

Le *bulgogi* façon Eonyang : la viande est coupée en bâtonnets au lieu d'être émincée.

광양식

le *bulgogi* façon Gwangyang : le charbon de bois, spécialité de cette ville, est utilisé pour cette grillade. Contrairement aux autres recettes, la viande n'est pas marinée à l'avance, la sauce est ajoutée juste avant la cuisson.

RECETTE DE BULGOGI FAÇON SÉOUL 갈비구이

1 Faites tremper 50 g de nouilles *dangmyeon* (voir p. 72) dans de l'eau chaude pendant 30 minutes.

2 Émincez finement 400 g de faux-filet de bœuf. Essuyez le sang.

3 Dans un bol, mélangez 100 ml de sauce soja, 80 ml de miel, 700 ml d'eau, une purée de 50 g de poire et 25 g d'oignon, 2 gousses d'ail hachées. Poivrez. Incorporez la viande et laissez mariner 20 minutes.

4 Disposez la viande égouttée sur le gril, versez la sauce dans la gouttière du gril et disposez-y 100 g de champignons *enoki*, 1 oignon émincé, 100 g de ciboule émincée et les nouilles égouttées.

5 Faites-les cuire de 3 à 6 minutes sur feu vif selon votre préférence.

6 Servez sans attendre. Pour déguster, mangez-le tel qu'il est ou emballez un morceau de viande et un peu de riz dans une petite feuille de salade (voir *ssam* p. 37).

Galbi-gui, grillade de côte de bœuf 갈비 손질

***Gui* signifie « grillé » et *galbi*, « côte ». Ce plat est aussi plébiscité que le *bulgogi*. Bien que leur assaisonnement soit presque identique, le *galbi* s'en différencie par sa texture et son goût spécifique. Cette préparation peut aussi se mijoter, c'est alors un *galbi-jjim*.**

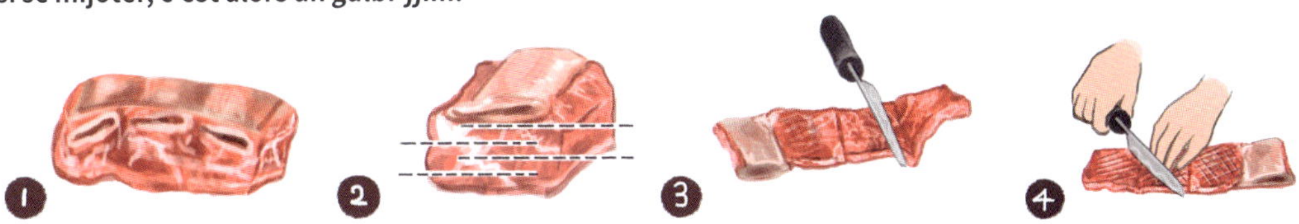

Comment préparer les côtes de bœuf
Il faut retirer la membrane caoutchouteuse qui entoure l'os, cela assure une texture tendre. Les incisions minutieuses permettent une bonne pénétration de l'assaisonnement. La minceur de la viande permet une cuisson rapide, ce qui est bien meilleur.

Comment couper le galbi ?
Contrairement au bulgogi, le galbi se cuit en gros morceaux et est découpé au moment du service.

BŒUF MARINÉ ET BŒUF SÉCHÉ

떡갈비

Teok-galbi, côte de bœuf hachée marinée

La côte de bœuf est hachée et malaxée longtemps, ce qui lui donne une consistance à la fois tendre et élastique. Marinée dans la sauce de *bulgogi* et façonnée en galette, elle est grillée dans une poêle ou sur une grille directement sur le feu.
Cette côte de bœuf hachée était initialement destinée aux petits enfants ou aux personnes âgées ayant des difficultés à mastiquer, mais aujourd'hui, tout le monde en mange.
Elle est délicieuse dans un hamburger (voir p. 115) avec un peu de *kimchi*.

Yuk-hoe, steak tartare 육회

Ingrédients

1 Coupez 400 g de rond de gîte de bœuf dans le sens opposé des fibres musculaires en allumettes de 3 mm d'épaisseur sur 5 cm de longueur. Épongez le sang à l'aide de papier absorbant. Mélangez-les avec 1 c. à s. de ciboule hachée, 2 c. à c. d'ail haché, 1 c. à s. de graines de sésame grillées écrasées, 2 c. à s. de sucre, 4 c. à s. de sauce soja et 1½ c. à s. d'huile de sésame. Poivrez.

2 À l'aide d'un rouleau à pâtisserie, écrasez 1½ c. à s. de pignons entre deux feuilles de papier absorbant afin d'en obtenir une poudre sèche.

3 Coupez 1 poire asiatique en allumettes. Émincez très finement 1 gousse d'ail.

4 Étalez la poire sur des assiettes, déposez les tranches d'ail, puis la viande. Saupoudrez de poudre de pignons.

5 Vous pouvez si vous le souhaitez ajouter un jaune d'œuf cru sur chaque portion.

Yukpo, bœuf séché

Les Coréens ont une grande passion pour les produits séchés ; poissons, légumes, champignons, et particulièrement le bœuf. La préparation du bœuf séché est un véritable art. Agrémenté de fruit, de miel, de sauce soja et d'huile de sésame, il devient quasiment une confiserie, qui accompagne parfaitement un verre d'alcool.

Présentation de bœuf séché.

돼지고기와 닭고기
LE PORC ET LE POULET

Le porc et le poulet, viandes plus accessibles que le bœuf, sont consommés lors de dîners entre collègues après la journée de travail ou entre amis chez les étudiants. De nombreux petits restaurants de quartiers en proposent en livraison.

LE PORC 삼겹살구이

Samgyoepsal-gui, poitrine de porc grillée et ses garnitures

C'est le plat emblématique de l'époque de la reconstruction du pays après la guerre. Copieux, bon marché, goûteux, ce plat soutenait les travailleurs. C'est aussi un plat très convivial, un peu comme la raclette en France.

Recette simplifiée

1. Coupez en tranches fines la poitrine de porc, des légumes et des fruits. Disposez-les devant les convives avec diverses sauces (voir p. 23) et un appareil à grillade. Chacun invente ses *ssam* (voir p. 37) en associant librement la viande et les garnitures.

2. Le soju 소주, alcool de patate douce, est presque indispensable pour compléter ce plat.

Le pyeonyuk, fromage de tête ou de viande de porc, se mange avec une sauce de crevettes fermentées (voir p. 23).

LE POULET

Chimaek, poulet frit et sa bière

Le poulet frit va de pair avec la bière, c'est pourquoi ce plat est aussi connu sous le nom de *chimaek* 치맥, l'abréviation de *chikin-mekju* (poulet-bière).
À l'étranger, *yangnyeom-chikin* a un surnom : KFC (*Korean Fried Chicken*).
La particularité du poulet frit coréen, c'est sa cuisson en deux fois, comme des frites. Ce plat est très populaire chez les fans de cuisine coréenne.

1 Détaillez un poulet d'1,5 kg en 16 morceaux. Laissez-les mariner 8 heures au réfrigérateur dans 300 ml de lait salé et poivré.

2 Mélangez 2 gousses d'ail hachées, 100 à 150 g de *gochujang*, 100 g de ketchup, 90 ml de miel, 2 c. à c. de poudre de curry, 2 c. à s. de sauce soja, 2 c. à c. de vinaigre de riz, 2 c. à s. d'huile de sésame grillé et 120 ml d'eau. Poivrez. Laissez reposer 8 heures à température ambiante.

3 Amalgamez 160 g de Maïzena® et la farine, et mélangez la moitié avec la marinade du poulet.

4 Dans un sachet en plastique, versez les farines restantes, puis le poulet. Fermez et secouez de sorte que tous les morceaux soient farinés.

5 Faites frire le poulet dans de l'huile à 170 °C entre 3 et 6 minutes. Avant de déguster, réalisez une seconde cuisson d'1 à 3 minutes.

6 Dans une grande casserole, faites sauter 50 g de carotte hachée et 50 g d'oignon haché 20 secondes avec un peu d'huile, versez la sauce et portez à ébullition. Éteignez le feu, incorporez le poulet frit et mélangez.

7 Saupoudrez de cacahuètes concassées et servez sans attendre.

LE POISSON 생선

Les poissons sont majoritairement consommés séchés ou fermentés. En ce qui concerne les poissons frais, les Coréens n'hésitent pas à parcourir de longues distances pour les déguster dans des restaurants portuaires. Ils y sont conservés vivants dans des aquariums et abattus sur place, à la demande des clients.

JOGIJJIM, COURBINE JAUNE AUX CINQ COULEURS

조기찜

Gulbi de Youngwang : la courbine jaune salée et séchée, spécialité de Youngwang, est un mets de luxe très recherché en Corée.

Poisson blanc à la vapeur, garni de *gomyeong* (voir p. 15), de légumes et d'omelette, c'est un plat de fête et d'offrande. Il est léger, délicat, sain, bref, moderne et pourtant l'un des fleurons de la cuisine d'antan.

1. Videz et écaillez 2 courbines (dorades ou bars, à défaut) de 400 g. Faites-leur 3 incisions sur chaque face. Salez-les, laissez reposer 30 minutes, puis épongez.

2. Tapissez d'un peu de ciboule un panier à vapeur et déposez les poissons dessus. Commencez à faire cuire quand la vapeur monte fortement, environ 15 minutes.

3. Préparez un *dalgyal-jidan* (voir p. 15). Râpez la partie verte, la peau ou près de la peau, d'½ concombre et 6 jujubes séchés (ou carottes). Poêlez-les séparément brièvement avec quelques gouttes d'huile.

4. Disposez joliment ces *gomyeong*, éléments décoratifs sur les poissons. On peut également ajouter des filaments de piment séché. Servez chaud avec du riz.

황태

Hwangtae

Le merlan, poisson d'hiver, est séché en plein air pendant plusieurs semaines dans la province de Gangwon. Le gel nocturne et le dégel diurne brisent les fibres musculaires du poisson en lui apportant une consistance chiffonnée qui absorbe bien l'assaisonnement et apporte une texture agréable.

Ferme de séchage en plein air sous la neige.

눈 덮인 덕장

황태구이

Hwangtae grillé à la sauce pimentée.

Manger cru

회

Il existe deux façons de préparer les poissons crus : avec ou sans maturation. Les Coréens ont tendance à préférer la première, qui a plus de mâche, alors que la seconde sera plus fondante.
La soupe glacée au poisson cru émincé est très populaire en été (voir p. 99).

Hoe, assiette de poisson cru et sa sauce cho-gochujang (voir p. 23).

LES CRUSTACÉS

Les Coréens adorent les crustacés, qu'ils soient cuits, crus ou fermentés.

GAEJANG, CRABE CRU MARINÉ À LA SAUCE SOJA

게장

Il est surnommé « voleur du riz », parce qu'il est si bon avec le riz que l'on ne se rend même pas compte de l'avoir mangé.
La chair de crabe devient riche en goût umami – la cinquième saveur, exhausteur de goût –, un mets addictif que l'on prépare au printemps quand les femelles sont grasses.
C'est amusant et délicieux de manger le riz directement dans sa carapace.

Quelques fruits de mer courants en Corée

OJINGEO-SUNDAE, BOUDIN DE CALMAR

오징어순대

1 Farcir.
2 Fermer, à l'aide d'une brochette.
3 Faire cuire.
4 Couper.

1 Séparez le tube et les tentacules de 2 calmars de 400 g chacun. Videz les tubes et rincez.

2 Farce : dans une poêle huilée, faites sauter ensemble 120 g de *kimchi* (sans jus) haché, 120 g d'oignon haché et des tentacules de calmar hachés, jusqu'à ce qu'il n'y ait plus de jus. Incorporez 150 g de riz gluant cuit (voir p. 35) et 300 g de tofu ferme écrasé. Salez et poivrez.

3 Farinez l'intérieur des tubes de calmar, remplissez-les de farce en laissant un peu d'espace, puis fermez-les à l'aide d'une brochette.

4 Faites-les cuire à la vapeur 2-3 minutes. Sortez-les et laissez tiédir avant de couper en rondelles.

Le calmar est l'un des produits de la mer les plus consommés en Corée. On aime sa chair élastique. Le calmar séché et grillé est parfait pour un grignotage ou un apéritif.

테마별 음식

갈비구이
종로
한우
불고기
24시
명동
순댓국
만둣국
삼겹살
CHICKEN
치맥
노래방
곱창
해장국
부대찌개
대학로
비어
청량리
수산
물회·회무침
놀자
주점
PUB
2층 좌석
HOT
떡볶이
서울
불냉면
광화문
쌈밥
막걸리
종로
소주
핫!떡볶이
주문·포장

LA CUISINE PAR THÈMES

**Les aliments sont les marqueurs des saisons
et de l'environnement naturel.**

**S'initier à la cuisine et aux coutumes alimentaires d'un pays
est probablement le meilleur moyen de comprendre sa culture.**

LES QUATRE SAISONS

LE PRINTEMPS 봄

Le printemps est la saison de la cueillette de bom-namul, légumes printaniers ou légumes de montagne (70 % du territoire coréen) et de prairie.
Les jeunes pousses regorgent de vitamines. Les gens sortent à la campagne pour la cueillette, mais aussi pour dégourdir leur corps après l'hiver.
Une ancienne chanson populaire raconte que c'était aussi une précieuse occasion de sortie pour que les jeunes gens se rencontrent.

Nouvelles pousses printanières et fleurs comestibles

배꽃
Fleurs de poire

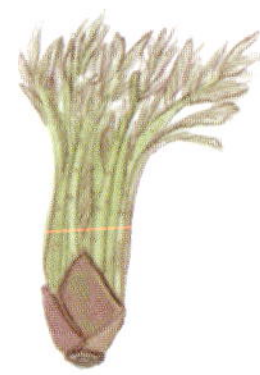
두릅
Pousse d'aralie coréenne

참나물
Pimpinella brachycarpa

쑥
Armoise

곰취
Ligulaire

유채꽃
Fleurs de colza

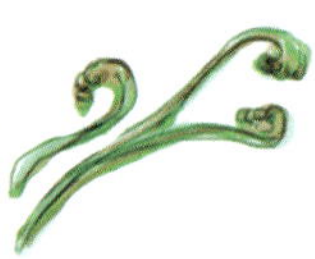
고사리
Pousse de fougère

달래
Ciboulette sauvage de Corée

냉이
Bourse-à-pasteur

주꾸미

Jukkeumi, minipoulpes tendres à la sauce gochujang : ces petits poulpes se pêchent dans la mer de l'Ouest. En Corée, les poulpes sont réputés pour leurs vertus revigorantes.

두견주

Dugyeonju, alcool d'azalée : alcool de riz parfumé aux fleurs d'azalée.

냉이나물

Nengii-namul, salade cuite de bourse-à-pasteur, une plante de la famille des Brassicacées qui pousse au début du printemps, elle pousse en France aussi.

산에 들에 봄나물

Pour ceux qui ne cueillent pas, des marchands de légumes proposent divers bom-namul frais.

화전과 쑥떡

Jindallae-hwajeon, minicrêpes de riz aux fleurs d'azalées et armoises. Elles se dégustent trempées dans le miel. Les fleurs de poire et de colza sont aussi utilisées.

L'ÉTÉ 여름

L'été coréen est chaud et humide, caniculaire par endroits. Sont abondamment consommés des aliments désaltérants dont la reine est incontestablement la pastèque.

Les fruits d'été locaux sont consommés et utilisés dans les boissons : melon, raisin, pastèque, misu-garu.

Camion marchand de pastèques.

Le misu-garu, lait d'orge grillé et sucré, est une boisson nourrissante et facile à boire pour ceux qui ont perdu l'appétit à cause de la canicule.

Appuyez sur le grain de raisin, il se pèle tout seul !
Les raisins coréens sont faciles à manger : on suce le grain en le pressant légèrement, la pulpe se glisse toute seule dans la bouche.

KONG-GUKSU, NOUILLES AU LAIT DE SOJA

1 Lavez 200 g de soja jaune et faites-le tremper une nuit dans 1 litre d'eau.

2 Égouttez-le, puis faites-le cuire à feu vif dans 1 litre d'eau dans une casserole. À partir de l'ébullition, laissez bouillir à feu moyen encore 10 minutes.

3 Égouttez et versez les graines de soja cuites dans un grand bol. Tout en les rinçant à l'eau froide, frottez-les pour les débarrasser de leur peau.

4 Mixez finement le soja dépelliculé égoutté avec 800 ml d'eau. Filtrez à travers un tamis pour ne garder que le liquide fin et pressez fortement pour extraire le jus. Salez légèrement et réservez au frais.

5 Pour des nouilles froides : faites cuire 300 g de nouilles fines de blé tendre selon la méthode de la page 73. Disposez-les dans 4 grands bols.

6 Versez-y le lait de soja et décorez avec un peu de concombre coupé en julienne et 1 tranche de tomate. Servez frais avec le sel à part.

N'hésitez pas à mettre des glaçons dans les soupes, cela peut paraître bizarre, mais avec la chaleur estivale, vous y prendrez rapidement goût.

L'AUTOMNE 가을

Après le parfum fruité de l'été, la table automnale embaume de l'humus de la forêt de pins, de taro et de champignons. Le riz nouveau, avec son arôme discret mais sucré, apaise le souvenir de la chaleur intense de l'été. C'est la saison des moissons et de l'abondance. La Lune, repère fidèle des paysans, est honorée.

Songpyeon

C'est un gâteau de riz non gluant, fourré au soja vert précuit, aux graines de sésame sucrées, aux marrons ou aux haricots mungo, cuit dans un panier vapeur chemisé d'aiguilles de pin. Il est délicieux accompagné de *sujeongwa*, boisson au kaki et à la cannelle.

Songpyeon, gâteau de lune, pâte de riz parfumé aux feuilles de pin.

Chuseok, fête des Récoltes : toute la famille participe à la confection de gâteaux de lune.

토란국

인삼

Ginseng

송이버섯

Songi-beoseot, champignon matsutake

토란

Soupe de taro au bœuf, plat spécial pour chuseok

은행구이

Brochette de ginkgo grillé

햅쌀

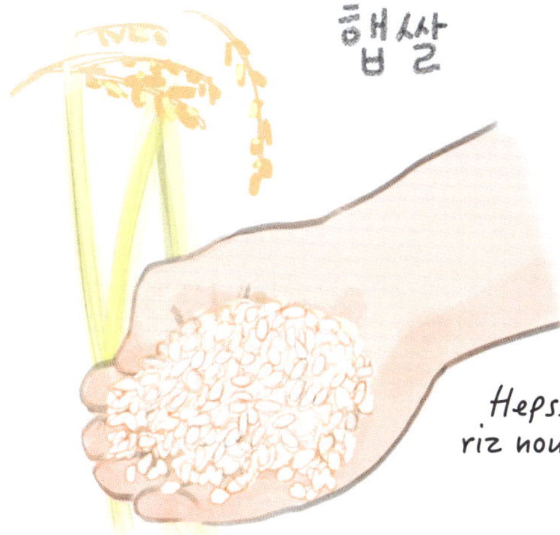

Hepssal, riz nouveau

수정과

Punch d'hiver aux épices et au kaki (voir p. 124)

L'HIVER 겨울

L'hiver coréen est blanc de givre et de neige, et il n'est pas rare que le thermomètre descende au-dessous de -10 °C. Cette blancheur se trouve aussi dans la soupe de pâtes de riz du Nouvel An (voir p. 74), symbole d'une page blanche commençant la nouvelle année. Les vapeurs de street food sont plus blanches dans le froid.

Le *gujeolpan* est un plat composé de 9 compartiments dans lesquels se trouvent 8 ingrédients et des galettes de blé au centre : chacun fait sa crêpe en la garnissant des ingrédients de son choix.

Sechan 세찬, repas de Nouvel An

Le ravioli, mets de luxe d'autrefois (mais banal de nos jours), est préparé pour de grandes occasions comme le Nouvel An.

김장 김치 · 수육

Plateau de *kimchi* nouveau : huîtres, viande de porc bouillie

À l’entrée de l’hiver, la préparation du *kimchi* d’hiver, le *kimjang*, est un rendez-vous annuel important. La maîtresse de la maison propose aux participants un goûter simple, pour reprendre des forces, à base de *kimchi* nouveaux, de viande de porc, d’huîtres et de *soju*, alcool blanc.
Pour manger, on roule soi-même sa bouchée, avec un peu de *kimchi*, un morceau de porc avec ou sans huître.

동치미
Voir p. 65

동지 팥죽

Patjuk, soupe de haricots rouges aux boulettes de riz et son *dongchimi*, kimchi blanc au radis blanc à l’eau

Plat protecteur contre l’énergie obscure, que l’on mange lors du solstice d’hiver, nuit la plus longue de l’année. Les mauvais esprits ayant paraît-il peur de la couleur rouge, on éclaboussait les coins de la maison de soupe.

Street food réconfortante : des gourmandises fumantes à manger sur le pouce dans la rue

호빵

Hopang, pain fourré à la vapeur

Hotteok, galette fourrée au sucre noir (voir p. 111)

군고구마

Gun-goguma, patate douce grillée

LES GRANDS RITUELS FAMILIAUX

La famille est au cœur de la vie des Coréens. Sous l'influence de la philosophie confucéenne, les rituels familiaux sont très importants et la nourriture porte des symboliques de bonheur spirituel et matériel. L'aspect très coloré des plats et les décorations sont soumis à la croyance *obangsek* (voir p. 14).

MARIAGES IBAJI EUMSIK 이바지 음식

결혼식

PEBAEK : CÉRÉMONIE DE SALUTATION AUX PARENTS

폐백

Aujourd'hui, la cérémonie du mariage se déroule souvent à l'occidentale. En revanche, *pebaek* – la première salutation aux parents du marié, qui se passe « à la coréenne » – est un rituel composé de partage d'alcool, de « réception des jujubes » symbolisant la promesse de la descendance et des vœux de bonheur. Les mets sur la table, *Ibaji eumsik*, sont envoyés par la famille de la mariée. Ils sont souvent séchés ou confits.

생일 ANNIVERSAIRES

Si, en France, on fête les anniversaires chaque année avec la même importance (quoique les dizaines le soient un peu plus), en Corée, les anniversaires de début de vie (au 100e jour après la naissance et à 1 an) et de fin de vie (à 60 et 70 ans) sont réellement honorés avec des plats de fête et des cadeaux.

Aliments pour le premier anniversaire 돌상

Les plats pour les autres anniversaires sont sobres, de la soupe aux algues ou des nouilles « longues », symboles de longue vie. Le « *cake* » à l'occidentale est devenu incontournable aujourd'hui.

Table d'objets pour le premier anniversaire

La table est disposée devant le bébé et on devine son avenir selon l'objet qu'il attrape.

환갑

Repas d'anniversaire de 60 ans

Des pièces montées composées de pâtisseries, de bonbons ou de fruits, témoignent de la somptuosité de la fête.

DÉCÈS ET OFFRANDES AUX ANCÊTRES DÉFUNTS

Le respect à l'égard des personnes âgées et des ancêtres est particulier.

Repas funéraire

Pendant les obsèques, un repas funéraire est offert aux invités. Bien qu'il n'y ait pas de règles strictes, la soupe *yukgaejang* (voir p. 81), soupe de bœuf pimenté, est le plat le plus souvent servi. De nos jours, du thé ou des petits cadeaux de remerciement la remplacent.

Repas d'offrande

Servir les ancêtres défunts est aussi important que servir les parents vivants. Il existe beaucoup de rituels dont les règles sont strictes. Cela perdure encore aujourd'hui, bien que la préparation s'allège de plus en plus.

Les fruits sont entamés pour laisser échapper leur parfum, car on croyait que les âmes se nourrissaient de parfums.

La pêche est interdite car elle chasse les fantômes, y compris ceux des ancêtres.

1-9 : Riz, pâtes, bouillons, alcools
10-14 : Viandes et poissons
15-17 : Viandes, légumes et poissons dans la soupe
18-22 : Poisson séché, namul (légumes), légumes et sauces fermentés
23-28 : Fruits et pâtisseries

사찰 음식

SACHAL EUMSIK, LA CUISINE DU TEMPLE

Le bouddhisme a régné sur la Corée pendant 1 200 ans en laissant une grande tradition de végétarisme et de philosophie de la frugalité. Bien que l'alimentation moderne tende vers une consommation de viande de plus en plus importante, les recettes à base de légumes occupent toujours une grande place en Corée. Aujourd'hui, les temples ouvrent leurs portes à tous ceux qui veulent apprendre la cuisine du temple et ils attirent de plus en plus de monde.

Repas bouddhiste dans un restaurant ouvert au public

Les plats sont plus soignés et diversifiés par rapport à ceux des temples.

© Cultural Corps of Korean Buddhism

KIMBUGAK, FRITURES D'ALGUES SÉCHÉES ENROBÉES DE RIZ GLUANT 부각

1. Enduisez du riz gluant cuit, 1 c. à s. pour une feuille, sur une feuille d'algue kim. Faites-la sécher. Découpez-la en carrés de 4 cm quand elle est encore souple, puis laissez sécher complètement.
2. Faites chauffer l'huile de friture à 180 °C. Faites frire les algues une vingtaine de secondes. Salez.

Rituel : réflexion avant de commencer le repas

D'où vient cette nourriture ?
Est-ce que je la mérite ?
Je remercie les paysans qui l'ont cultivée.
J'accepte ce repas comme un remède pour mon corps afin d'accéder à la sagesse.

발우공양

Infusion au lotus

Elle se présente dans un bol large avec une fleur de lotus entière dans le thé.
Le lotus, symbole bouddhiste, se mange de diverses manières : sa fleur et ses feuilles en infusion, ses graines séchées comme des fruits secs, sa racine comme légume.

연꽃잎차

길거리 음식

LA STREET FOOD

Enfants, adolescents, personnes âgées, employés de bureau pressés… tout le monde a une bonne raison de venir déguster un snack fast-food, exotique, ludique ou bon marché.

Quelques plats de street food

HOTTEOK, GALETTE FOURRÉE AU SUCRE NOIR

1 Dans un grand bol, mélangez 75 g de sucre muscovado, 15 g de cacahuètes grillées concassées finement et ½ à 1 c. à c. de cannelle en poudre. Réservez.

2 Dans un saladier, amalgamez 200 g de farine de blé T55 et 40 g de farine de riz gluant, ajoutez la levure activée dans 25 ml d'eau, puis 170 ml d'eau tiède. Pétrissez-la – la pâte est très collante ! Laissez-la lever à couvert au chaud.

3 Quand son volume a doublé, faites chauffer une poêle sur feu doux. Huilez généreusement la poêle et vos mains.

4 Prélevez une boule de pâte de la taille d'un œuf, posez-la au creux de votre main, creusez le milieu et enfoncez-y 1 c. à s. de farce. Tirez et soudez la pâte pour enfermer la farce. Faites-la cuire 30 secondes dans la poêle, puis retournez et aplatissez-la avec un presseur. Continuez la cuisson 2 ou 3 minutes, jusqu'à ce que la galette soit bien dorée. Servez sans attendre.

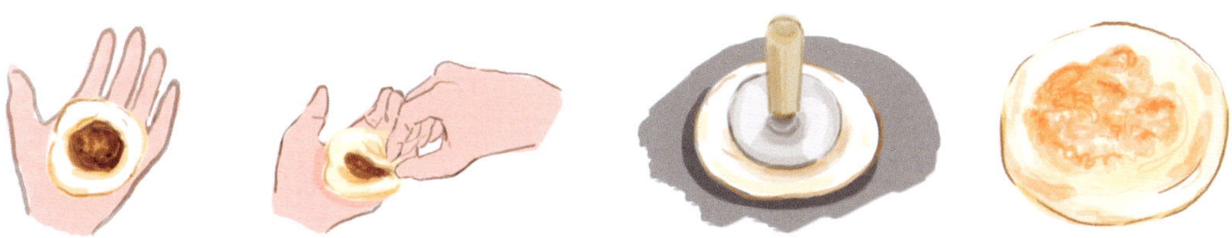

북한요리 LES SPÉCIALITÉS DE CORÉE DU NORD

Malgré la division, les deux Corée ont le même héritage culinaire. Les Coréens du Sud s'intéressent beaucoup à la cuisine du Nord. Les restaurants spécialisés tenus par des réfugiés du Nord sont populaires.

PYEONGYANG-NENGMYEON, NOUILLES FROIDES DE PYONGYANG

Spécialité d'hiver de Pyongyang à l'origine, c'est aujourd'hui un plat vedette de l'été au Sud. Nombreux se prennent pour des gastronomes capables d'apprécier le bouillon, à la saveur très délicate pour certains, trop fade pour les autres.

Recette

1 Mélangez 750 ml de bouillon de bœuf (voir p. 41) et 750 ml de jus de *dongchimi* (voir p. 65). Rectifiez l'assaisonnement à la sauce *cheongjang* et au sel. Réservez au frais.

2 Émincez la viande issue du bouillon. Découpez 2 œufs durs en deux. Émincez 200 g de concombre et 150 g de *dongchimi*.

3 Faites cuire 240 g de nouilles *nengmyeon* de sarrasin, rincez énergiquement à l'eau froide.

4 Disposez les nouilles dans 4 grands bols, versez-y le bouillon et disposez dessus les garnitures. Servez avec le vinaigre et la moutarde à part, pour ceux qui veulent un goût prononcé.

Nongma-guksu, nouilles froides de fécule de pomme de terre de Hamhung.

Pyeongyang-nengmyeon

Abai-sundae, boudin au riz et légumes : spécialité d'Abai-maeul, quartier des réfugiés nord-coréens.

KIMCHI DU NORD VS KIMCHI DU SUD

Le kimchi du Sud est plus richement garni et plus rouge (de piment !).
Depuis la fin de la guerre, le Nord reste un pays fermé ; de ce fait, il garde, d'une certaine manière, l'aspect d'avant-guerre de la cuisine coréenne.

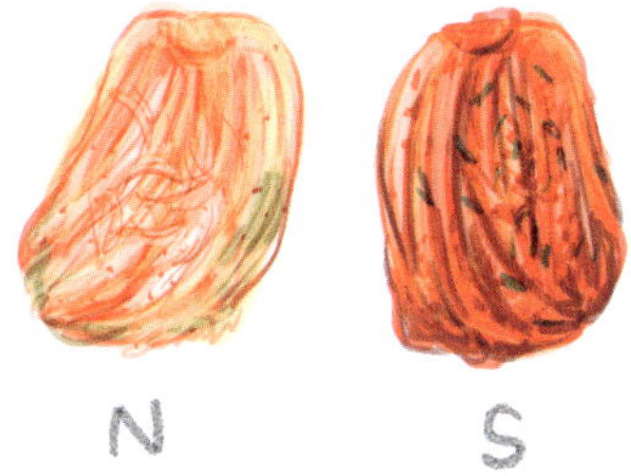

CUISINE DE GAESUNG 개성요리

La ville de Gaesung, capitale de l'ancien royaume Goryeo, est réputée pour son raffinement culinaire. Certaines recettes perdurent encore, même au Sud.

보쌈김치

Bossam kimchi : kimchi surprise de chou pe-tsaï

개성약과

Gaesung-yakgwa : pain feuilleté aux épices

칠면조말이구이

Roulé de dinde

Nouvelle tendance culinaire en Corée du Nord depuis quelques années. La dinde, facile à élever, est devenue une viande populaire.

편수

Gaesung-pyeonsu : raviolis carrés

외래 음식 LES PLATS D'AILLEURS

JJAJANG-MYEON 짜장면

Certains plats coréens ont hérité de recettes d'ailleurs.

Nouilles à la sauce noire, ce plat est importé de la communauté chinoise installée en Corée, dès le début du XXe siècle. C'est l'un des plats préférés des Coréens, surtout les enfants.

Steak tartare

On remonte au XIIIe siècle, époque où l'empire de Gengis Khan aurait transmis la consommation de bœuf cru vers l'Occident et même vers l'Est, y compris la Corée. L'arôme de l'huile de sésame et le sucré de la poire se distinguent de la recette française (voir p. 86).

잡채고로케

Japchae goroke, pain frit fourré aux nouilles et aux légumes

Le *goroke* est d'origine belge, c'est une croquette. Après avoir été adaptée au Japon, la recette a encore évolué en Corée avec une nouvelle farce, le *japchae* (voir p. 73).

Budae jjigae, soupe des bases militaires

Pendant la guerre, les Coréens ont pris goût aux produits américains provenant des bases militaires, grâce à des dons ou du troc. Les charcuteries dans le bouillon épicé apportent un goût délicieux.

라면

Ramyeon, nouilles instantanées

Les nouilles étaient préparées à l'origine avec la farine provenant de l'aide humanitaire américaine et d'après la recette japonaise, pour réconforter les Coréens au lendemain de la guerre. Elles sont encore populaires aujourd'hui, avec de nouveaux goûts.

치즈떡볶이

Cheese toppoki

L'arrivée du fromage en Corée est récente et a conquis rapidement la jeune génération par son goût doux et riche.

불고기버거

Hamburger au bulgogi

La fameuse street food américaine s'est adaptée avec le steak saveur *bulgogi* (voir p. 84).

LES ALIMENTS PORTE-BONHEUR

La réussite scolaire est garante de la réussite sociale en Corée. Pour cela, l'examen d'entrée à l'université est décisif. Son importance a fait naître des croyances irrationnelles chargeant certains aliments de toutes sortes de symboles.

LES ALIMENTS À ÉLOIGNER 수능 금기 음식

Soupe aux algues, soupe incertaine : recommandée pour son excellente digestibilité et son aspect nourrissant, alors qu'elle est à éviter en période d'examens à cause de son aspect glissant (risque de trébucher), tout comme la banane.

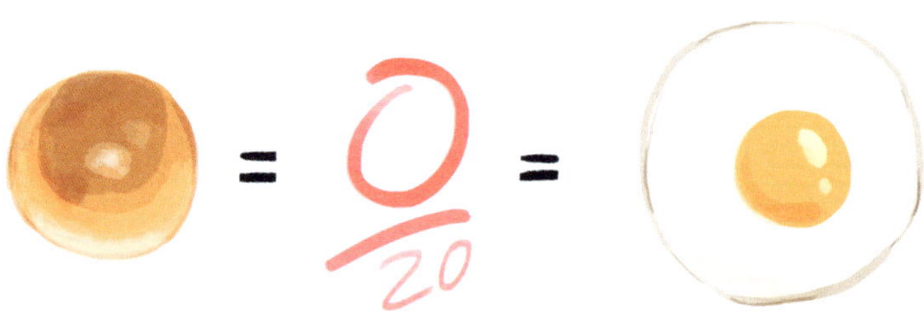

L'œuf au plat ou le pain ayant une forme proche de zéro porteraient malheur (mauvaise note).

LES ALIMENTS DE LA CHANCE

수능 합격 기원 음식

Boîte de nougats

À l'approche du jour de l'examen, il est d'usage d'offrir des cadeaux porte-bonheur. Les plus populaires sont les nougats et les boulettes de riz gluant.

엿

RECETTE DE NOUGAT DE RIZ

Dans une casserole, faites réduire le sirop de riz sur feu doux tout en remuant. Quand le sirop coule d'un trait épais, mélangez avec les fruits secs (sésame, cacahuète, etc.). Versez sur un lit de poudre de soja ou de fécule de pomme de terre et couvrez la préparation de la poudre. Coupez-la en petits morceaux à l'aide d'un couteau tout en poudrant pour les empêcher de coller. Gardez au frais.

Boulettes de riz gluant : pour mieux s'accrocher aux épreuves, grâce à la force collante du riz gluant.

Nouvelle tendance plus rationnelle : les chocolats, qui apportent de l'énergie.

찹쌀떡

다과와 음료

PÂTISSERIES ET BOISSONS

Jadis, les alcools et les sucreries participaient aux coutumes coréennes qui étaient rythmées par de nombreux rituels.

L'aspect raffiné et coloré des confiseries associait leur usage à des symboles spirituels lors de ces cérémonies et des événements familiaux.

Aujourd'hui, la culture des desserts « à l'occidentale » a attisé la curiosité gourmande des Coréens, qui l'ont très vite adoptée.

TTEOK, GÂTEAUX DE RIZ, ET GWAJUL, PÂTISSERIES

Bien que la notion de dessert n'existe pas en Corée, il y a de nombreuses pâtisseries fines pour accompagner le thé ou l'alcool. Les principaux ingrédients sont le riz, des légumineuses et des végétaux, non seulement des fruits, mais aussi des légumes racines, par exemple les confits de radis, de platycodon ou de lotus. Le blé est rarement utilisé.

TTEOK, GÂTEAUX À BASE DE RIZ 떡

백설기

Baeksolki : pâte de riz sablée.

시루떡

Siru-tteok : gâteau de riz sablé aux haricots rouges.

절편

Jeolpyeon : gâteau de riz moelleux à l'armoise.

영양떡

Youngyang-tteok : gâteau de riz souple au soja et aux marrons.

증편

Jeungpyeon : gâteau de riz souple au makkoli (bière de riz).

오색경단

Osek-kyungdan : boulettes de riz gluant enrobé de poudres de différentes couleurs.

약식

Yaksik : riz d'épices aux fruits secs.

인절미

Injeolmi : gâteau de riz gluant enrobé de poudre de soja grillée.

개성주악

Gaesung-juak : pâte de riz gluant frite imbibée au sirop de riz.

Recette d'Injeolmi

1 Dans un bol en verre, mélangez 300 g de farine de riz gluant avec 320 ml d'eau chaude et ajoutez 2 pincées de sel. Faites cuire 6 minutes dans le four à micro-ondes, à couvert. Remuez la pâte et remettez au micro-ondes pour 6 minutes. La pâte doit être translucide à la fin. Laissez refroidir quelques minutes.

2 Étalez 10 c. à s. de poudre de soja grillée sur une planche à découper. Déposez-y la pâte à l'aide d'une spatule mouillée. Coupez en carrés de 4 cm sur 1,5 cm d'épaisseur tout en poudrant la pâte et le couteau pour empêcher qu'ils ne collent.

GWAJUL, PÂTISSERIES 과줄

타래과

Talaegwa : friture de pâte de blé au gingembre ou au ginseng.

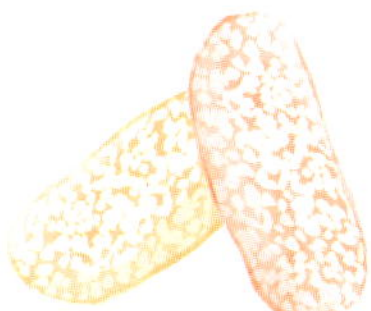

유과

Yugwa : soufflés de riz gluant au sirop de riz.

약과

Yakgwa : pain de blé aux épices et au miel.

다식

Dasik : mignardises pour thé aux poudres colorées.

율란

Yullan : pâte de marrons aux pignons.

곶감쌈

Gotgamssam : kaki séché fourré aux noix.

모과편 / 오미자편

Omija-pyeon et mogwa-pyeon : gelée d'omija et de coing.

유자단자

Yuja-danja : pâte de mungo au yuzu (voir p. 21).

배오미자 정과

Bae-omija-jeongwa : confit de poire au jus d'omija.

Recette de *gotgamssam* 곶감쌈, kaki séché fourré aux noix

Ouvrez un kaki séché (préférable mi-séché) en l'incisant dans la hauteur. Roulez-le fermement autour d'une noix décortiquée. Laissez-le au frais pour le raffermir. Coupez en tranches au moment de déguster.

HWACHAE ET BINGSU

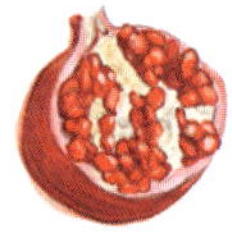

Hwa signifie « fleur ». Ces soupes sucrées à la présentation colorée et acidulée et au goût rafraîchissant, se boivent fraîches en été et chaudes en hiver.

YUJA-HWACHAE, SOUPE AUX FRUITS ET JUS DE YUZU

유자화채

1. Dans un grand bol, mélangez la pulpe hachée d'1 ou 2 yuzus et 60 g de sucre.
2. Coupez l'écorce en juliennes fines. Épluchez 1 poire asiatique et coupez-la en allumettes de 2 mm d'épaisseur. Égrainez ½ grenade et incorporez-les dans la pulpe de *yuzu*. Versez 600 ml d'eau fraîche, remuez. Faites flotter quelques pignons de pin. Servez frais.

유자단지

YUJADANJI, SOUPE AU YUZU FARCI ET CONFIT

Un dessert très raffiné. L'agrume est farci du mélange de marron cru, de jujube séché et de champignon noir, tous râpés extrafinement, puis confits pendant plusieurs jours dans le sirop. Se déguste dilué dans de l'eau.

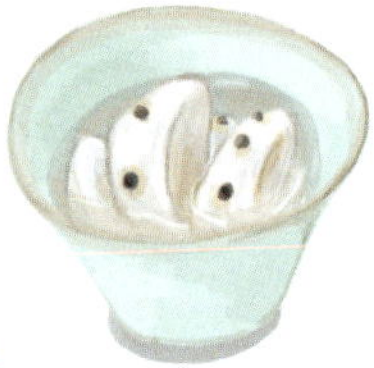

배숙

Baesuk :
Poire pochée au gingembre, aux grains de poivre.

BINGSU, GLACE PILÉE AUX MULTIGARNITURES

빙수

Une gourmandise estivale incontournable. Il existe une infinie possibilité d'associations, mais le principe reste le même à chaque fois. Pilez des glaçons d'eau ou de lait. Arrosez avec du sirop de fruit ou du lait concentré. Parsemez dessus des morceaux de fruits frais ou confits, ou encore des pâtes de riz, des haricots confits, des biscuits, des copeaux de chocolat, etc.

Les ingrédients les plus populaires

전통 음료 BOISSONS SUCRÉES

Les boissons se boivent aussi bien sucrées que sans sucre. Elles ont traditionnellement une vocation médicinale. Jadis, c'était le miel qui donnait le goût sucré, mais aujourd'hui, il est souvent remplacé par le sucre.

Omija-hwachae, infusion aux baies d'omija

Les baies d'omija sont fréquemment utilisées dans les boissons pour leur belle couleur rouge et leur goût à la fois doux, acidulé et astringent. Pour plus de douceur, on laisse infuser les baies séchées pendant une nuit dans de l'eau froide.

Sujeongwa, punch d'hiver aux épices et au kaki

Une boisson froide qui se déguste en hiver.

1 Faites infuser 60 g de gingembre émincé et 60 g de cannelle en bâton, séparément dans 1,2 litre d'eau, chacun sur feu moyen à couvert pendant 30 minutes.

2 Filtrez et fusionnez-les dans une casserole, ajoutez 35 g de sucre noir et 65 g de sucre blanc et faites bouillir encore 10 minutes à couvert. Laissez refroidir et incorporez 200 à 250 g de kaki mi-séché. Placez-le au réfrigérateur le temps que les kakis soient attendris.

3 Servez frais, avec du kaki dedans et quelques pignons.

BOISSONS SUCRÉES FERMENTÉES 발효 음료

모과차

Mogwa-cheong, sirop de coing fermenté

Le *cheong*, sirop fermenté, s'utilise pour les infusions et les recettes sucrées-salées. Cette façon de conserver « non cuit », préserve mieux l'arôme du végétal utilisé. *Maesil-cheong* (« sirop de prune ») et *sengang-cheong* (« sirop de gingembre ») sont également confectionnés selon la même méthode.

Gamju, soupe de riz douce, fermentée au nuruk (levain) : boisson dérivée de l'alcool de riz (voir p. 128) au temps de fermentation court. On obtient un liquide pétillant, sucré naturellement. Très faiblement alcoolisé, les enfants peuvent le boire.

Recette du cheong

1 Dans un bol, assouplissez 200 g de chair râpée de coing dans 200 g de miel d'acacia. Versez le tout dans un bocal de 500 ml, puis fermez.

2 Laissez fermenter 1 mois à température ambiante en remuant tous les 2 jours pendant le premier mois. Continuez à l'affiner encore 2 mois telle qu'il est ou seulement le sirop après l'avoir filtré.

3 Délayez le *cheong* dans de l'eau chaude. Ajustez-en la quantité selon votre goût.

4 Le *cheong* peut se conserver jusqu'à plusieurs mois.

Le malt (orge germé séché) : grâce à l'amylase de l'orge germé, le riz donne une boisson laiteuse sucrée, sikhye, ayant une apparence similaire au gamju.

차 THÉS ET INFUSIONS

Le thé est fondamentalement lié à l'esprit bouddhiste. On savoure le goût subtil de ses feuilles vertes, dans la sérénité. Parmi les thés à feuilles, c'est le nokcha, thé vert, qui est le plus couramment consommé.

DAGU, SERVICE À THÉ 다구

Trois sortes de feuilles pour thé

녹차

Feuilles de thé

감잎차

Feuilles de kaki

콩잎차

Feuilles de soja

INFUSIONS MÉDICINALES

Boire des infusions est un véritable geste de santé. Sont utilisées de nombreuses plantes médicinales, baies, fleurs et racines, dont le fameux ginseng. Il existe des salons de thé spéciaux pour ces types de thés, parfois même avec des conseils santé sur place.

국화차

Infusion aux fleurs de chrysanthème

구기자차

Infusion aux baies de goji

LES PLUS QUOTIDIENNES

Les infusions se boivent à tout moment de la journée. Les plus courantes sont l'infusion aux céréales torréfiées ou le thé de riz grillé.

Thés et infusions en bouteille dans les commerces : dans les supérettes, le rayon des boissons non sucrées fabriquées industriellement propose des gammes très larges.

숭늉

보리차

Sung-ngeung, infusion au riz grillé

1 Après la cuisson du riz à la casserole, vous pouvez soit récupérer le riz grillé collé au fond et le sécher, soit verser de l'eau directement sur le riz grillé.

2 Faites-le cuir dans une grande quantité d'eau jusqu'à l'obtention du liquide semi-laiteux. Le thé se boit à la fin du repas. Les grains de riz grillés se consomment avec.

Boricha, infusion à l'orge torréfiée

1 Rincez et égouttez l'orge complète. Dans une poêle sur feu vif, faites-la sécher 1 minute tout en remuant, puis baissez le feu sur très doux et faites-la griller tout en remuant jusqu'à ce qu'elle devienne dorée. Laissez refroidir.

2 Portez à ébullition 1 litre d'eau avec 4 c. à s. d'orge grillée, à couvert, puis baissez le feu et laissez bouillir encore 10 à 15 minutes. Dégustez ce thé chaud ou froid.

LES ALCOOLS

La passion des Coréens pour la fermentation n'a pas épargné l'alcool.
Les familles aisées gardaient leur propre recette familiale, tout comme celle du kimchi.
Si aujourd'hui les alcools les plus populaires sont la bière, le soju, le makolli et les cocktails à base de ces ingrédients, il y a aussi un vrai retour à ces recettes traditionnelles oubliées.

NURUK

**Le levain est ce qui donne son goût à cet alcool.
En Corée, les alcools traditionnels sont en majorité faits à base de céréales. La fermentation alcoolique de céréales commence par la fabrication du *nuruk*, levain coréen, fait avec des haricots mungo, du blé, du sorgho, du millet, de l'orge ou du riz.
Ensuite, le riz est fermenté au levain, puis, en le filtrant, on obtient du liquide laiteux, le *makkoli*, titré autour de 7°, goût plus ou moins doux et pétillant.
Affiné plus longtemps, autour de 100 jours, il donne un liquide limpide, le *yak-ju*, alcool de luxe, titré de 13° à 16°.**

Fabrication de l'alcool coréen

1 Fabrication de nuruk (levain).

2 Mélangez le riz avec le nuruk réhydraté.

3 Mise en pot et ajout de l'eau.

4 Fermentation (prolongée pour obtenir l'alcool limpide).

5 Filtration.

Alcool à manger à la cuillère

TTALGI-JU, INFUSION DE SOJU À LA FRAISE, RECETTE SIMPLE À BASE DE SOJU

Ttalgi-ju, infusion de soju à la fraise.

Juan-sang, une table dédiée à l'alcool.

1 Incisez chacune des 500 g de fraises en 2 ou 3 endroits, mettez-les dans un grand bocal avec 150 g de sucre en alternant, fermez et laissez fondre le sucre pendant une journée.

2 Versez 1 litre de *soju* (minimum 25°) et fermez. Laissez infuser ainsi pendant 2 semaines à l'abri de la lumière.

3 Filtrez les fraises à travers une passoire, puis filtrez plus finement le liquide à travers un filtre à café. Versez l'alcool obtenu dans une bouteille, fermez et laissez affiner pendant 1 mois.

Le *soju* traditionnel est fabriqué par la distillation du *yak-ju*.

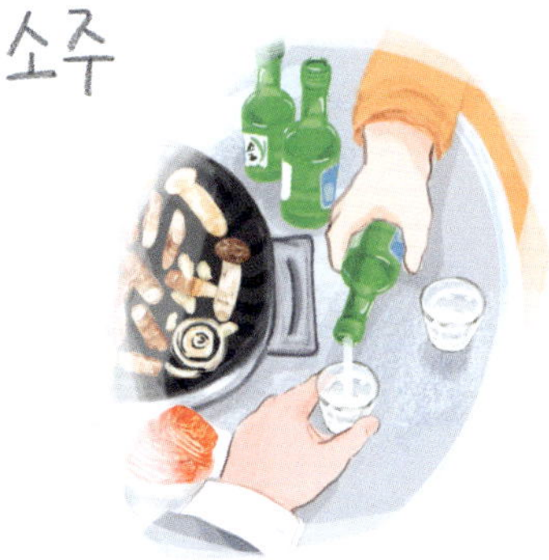

Le soju de grande consommation.

L'appellation soju d'aujourd'hui désigne la plupart du temps le produit de l'usine, issu de la dilution de l'éthanol de fermentation. Il est bon marché et populaire.

Les soju artisanaux

Macération de fruits

Les fruits peuvent être macérés pendant la fermentation ou être insérés dans le produit fini de l'alcool. Les plus connus sont la *bokbunja*, framboise coréenne, le *moeru*, raisin de montagne, ou la *maesil*, prune.

Vin de fruits

Les alcools 100 % fruit – la pêche, le kaki, la pomme ou l'omija, etc. –, nouveaux pour les Coréens, plaisent de plus en plus aux jeunes.

C'EST MEILLEUR QUAND ON PARTAGE !

Dans les restaurants coréens, les plats à partager remportent toujours un grand succès. Ces plats ne sont pas servis tout prêts, ils nécessitent une participation active des clients qui doivent préparer eux-mêmes le plat qu'ils vont déguster.

Pourquoi partage-t-on ? Parce que c'est ludique !

Les convives doivent cuire eux-mêmes les aliments sur une plaque chauffante ou dans une grande casserole, sur un foyer placé au milieu de la table, puis ils se servent directement dans leurs assiettes. Une des raisons pour lesquelles les Coréens aiment aller au restaurant, c'est avant tout pour s'amuser entre amis.

Quand il y a des plats à partager, il est impoli de se servir soi-même les meilleurs morceaux. Il faut toujours servir les autres en premier. Mais ne vous inquiétez pas, quelqu'un d'autre mettra très vite un délicieux morceau dans votre assiette !

Cuisiner ensemble

Un des plus grands plaisirs des Coréens est de cuisiner ensemble. Même lorsqu'on est invité au restaurant, on peut participer à la réalisation du repas.

Frites à partager !

Quand les enfants vont au fast-food avec leurs amis, ils versent toujours toutes les frites au milieu de la table pour les partager. Ils disent que c'est meilleur comme ça. Ceux qui s'y opposent sont en général mal vus.

Partage et alcool

Les plats à partager se consomment généralement au dîner accompagnés d'alcool. Les boissons alcoolisées sont importantes et représentent un vrai lien social. Elles sont là encore sont partagées.

Différence culturelle

Si vous allez en Corée, vos amis coréens vous inviteront rarement chez eux. Contrairement à la tradition française, en Corée, une maison est un espace très privé. À part les proches qui s'y réunissent lors de fêtes familiales, il est rare de prendre un repas chez des amis. On se retrouve surtout au restaurant. Par conséquent, un restaurant offre à ses clients une atmosphère décontractée et chaleureuse comme à la maison, pour que les clients se sentent rapidement à l'aise.

Communion sociale

Partager de la nourriture est profondément ancré dans la culture coréenne. Les Coréens vivent à deux cents à l'heure, dans une société où la compétition et la pression sont très fortes. Au moment des repas, il est primordial d'être ensemble et de partager. Manger de la nourriture provenant d'une même assiette avec des personnes qui ne sont pas de sa famille crée un sens communautaire essentiel en Corée.

Budae jjigae, soupe des bases militaires

Pendant la guerre, les Coréens ont découvert des produits américains provenant des bases militaires grâce à des dons ou du troc. De nouvelles recettes ont vus le jour à partir de ces produits. Le budae-jjigae, ragoût de base militaire, fait partie de ces plats. La période difficile imposait de partager denrées et plats. C'est toujours le cas aujourd'hui pour ce plat qui se sert au centre de la table.

Le bibimbap est un plat de partage par excellence car à l'origine, pendant les hautes périodes agricoles, les paysans le partageaient.

Budae jjigae

1. Dans une casserole, mettez 1 poignée de kimchi en petits morceaux, 200 g de saucisse de Montbéliard (ou de SPAM®) coupée en tranches, 4 saucisses de Francfort coupées en tranches, 8 tranches de bacon coupées en petits morceaux, 1 oignon émincé et 1 poignée de pâte de riz (type toppoki).

2. Mélangez 2 c. à s. de gochujang, 2 c. à s. de sauce soja, 1 c. à s. de gochugaru, 2 c. à c. d'ail haché, 2 c. à c. de sucre. Mettez le tout dans la casserole avec 700 ml d'eau et faites cuire à feu moyen.

3. Dès l'ébullition, ajoutez 100 g de nouilles ramyeon (p. 72), 100 g de haricots blancs cuits, 2 c. à s. de ciboule émincée. Ajustez la quantité de l'eau. Éteignez le feu quand les nouilles sont assez cuites.

Sauçons ensemble !

Les Coréens saucent leur cocotte avec du riz ou des nouilles. De même, après avoir fini leur plat à partager, ils ne jettent pas le jus qui se trouve encore dans la casserole, mais ils y trempent du riz ou des nouilles... en partageant bien sûr !

한국의 일상

LA VIE QUOTIDIENNE

La vie quotidienne est ordonnée et harmonieuse, régiesur le respect de la courtoisie, du travail et du sens des responsabilités. Cette responsabilité est volontaire, née de l'amour de la famille et du respect d'autrui, et constitue la base du dynamisme de la société actuelle. De nombreux Coréens vivent dans les villes, où l'environnement *high-tech* offre un cadre idéal pour cette dynamique.

LA GÉOGRAPHIE : ENTRE TERRE ET MER

La Corée est située en Asie de l'Est, un pays péninsulaire à l'extrême est du continent eurasien, également connue sous le nom de *Hanbando* pour les Coréens.

La Corée du Sud couvre 100 378 km^2 et la Corée du Nord 123 138 km^2. La Corée du Sud est une péninsule bordée par la mer sur trois côtés, et 70 % du pays est montagneux. Environ 65 % de ses montagnes mesurent moins de 500 mètres d'altitude, avec de jolis sommets arrondis et de larges vallées, mais il y a peu d'endroits où l'on peut voir l'horizon comme en Europe : la crête des montagnes apparaît toujours en arrière-plan. Le territoire s'étend du nord au sud : ses sols et les climats sont variés. On observe une diversité dans les cultures locales.

Le nom Korea, Corée en français, vient du Goryeo, nom du royaume coréen du Moyen Âge. En 1948, la péninsule coréenne a été divisée en deux : la Corée du Sud et la Corée du Nord, le Sud étant appelé Corée ou République de Corée (Hanguk ou Daehanminguk). Le Sud a une population de 51,71 millions et, si l'on y ajoute le Nord, cela représente environ 77 millions de personnes. Ce livre couvre la Corée du Sud, sauf mention contraire.

LES SYMBOLES

Ces symboles représentent l'identité du pays et sont régulièrement, utilisés et évoqués dans la vie de tous les jours. Au-delà de leur signification, leur apparence, forme et couleur sont familières et appréciées des Coréens.

La pie, 까치

Depuis l'Antiquité, la pie est un oiseau de bon augure. C'est un animal commun en Corée, considéré comme oiseau national.

L'Hibiscus syriacus, mugunghwa - 무궁화

C'est la fleur nationale, que l'on peut traduire par « fleur éternelle ». Elle existe dans de nombreuses couleurs, mais celle que les Coréens associent généralement à l'emblème du pays a un centre rouge et des pétales rose pâle ou blanches.

L'azalée, *jindallae* - 진달래

Bien que l'azalée ne soit pas la fleur nationale, c'est l'une de celles que les gens connaissent le mieux. Ils y sont plus attachés qu'au *mugunghwa*, car elle est plus répandue. Elle apparaît souvent dans la littérature et les chansons afin d'exprimer l'appartenance à la culture coréenne.

Le tigre, animal mascotte 호랑이

Les tigres étaient autrefois très nombreux en Corée. S'ils étaient craints, ils étaient aussi vénérés comme animaux incarnant l'esprit de la montagne. Le tigre a été la mascotte des Jeux olympiques de Séoul de 1988, qui ont marqué le début de la réputation de la Corée en tant que pays développé.

Avec la pie, il est le protagoniste de nombreuses fables.

Ils sont considérés comme des animaux porte-bonheur, si bien qu'il était de coutume de les représenter sur des tableaux suspendus au mur au début de l'année.

Cette imagerie montre l'attachement des Coréens pour le tigre.

LE CORÉEN

Le coréen, 한국어 - *hangukeo*, est la langue officielle de la Corée. Ses textes sont écrits en 한글 - *hangeul*, les sinogrammes étant parfoisutilisés comme caractères auxiliaires.

Le coréen en tant que langue orale existe depuis longtemps, mais il était écrit en empruntant les sons du sinogramme. Au XVe siècle, le roi Sejong le Grand créa le hangeul, qui se compose de 24 lettres, 14 consonnes et 10 voyelles pour faciliter l'écriture du coréen. C'est un alphabet efficace qui permet de représenter presque toutes les prononciations.

Manuel royal pour le peuple : 훈민정음 - *hun-min-jeong-eum*

En tant que roi à l'époque féodale, Sejong le Grand a créé un alphabet facile à apprendre pour éclairer son peuple et a écrit un livre *(Hunmin Jeongum)* expliquant son mode d'emploi (*Haeryebon*). Celui-ci est inscrit dans la Mémoire du monde de l'Unesco en tant que patrimoine culturel.

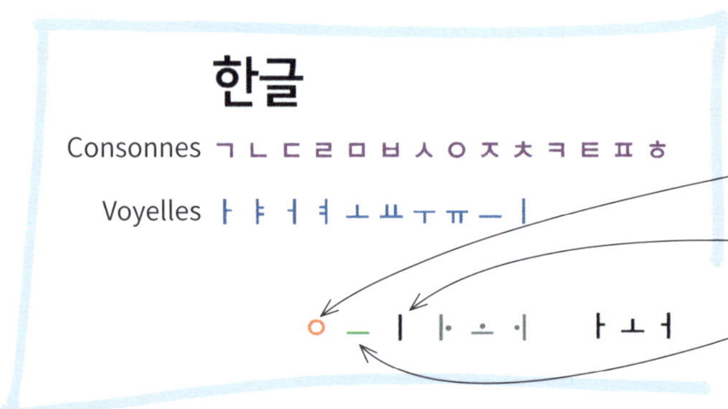

- La forme du hangeul se caractérise par sa géométrie. Les voyelles utilisent 3 symboles qui s'assemblent et évoluent jusqu'à la forme actuelle :
  - le point (ou la ligne courte) pour représenter le soleil ;
  - la ligne verticale pour représenter le peuple ;
  - la ligne horizontale pour représenter la terre - la forme actuelle.

밝은 아침

- Il s'écrit avec des caractères phonémiques qui sont disposés syllabe par syllabe plutôt que de manière linéaire.
- Il s'écrit de gauche à droite (bien qu'en poésie, l'écriture verticale soit encore utilisée).
- C'est une langue SOV, c'est-à-dire que les phrases se construisent selon l'ordre sujet-objet-verbe. Les mots n'ont pas de casse.
- Les mots n'ont pas de genre. Par exemple, namu - 나무 (l'arbre), n'est ni féminin, ni masculin, ni neutre.

Le hangeul est célébré le 9 octobre par un jour férié et le déploiement du drapeau. C'est l'une des plus importantes fêtes nationales de Corée du Sud.

Un langage poli

Dans le langage coréen, il est important de bien employer le tutoiement, banmal - 반말 et le vouvoiement, jondaetmal - 존댓말. Il existe différents niveaux de jondaetmal, en fonction de la personne à qui l'on s'adresse.

PETIT GUIDE DE SURVIE LINGUISTIQUE

Se présenter et les formules de politesse

안녕하세요 - ***Annyeong haseyo.***
Bonjour, bonsoir.

안녕히계세요. - ***Annyeonghi gyeseyo.***
Au revoir.

감사합니다. - ***Gamsa hamnida.***
Merci.

죄송합니다. - ***Joesong habnida.***
Excusez-moi, pardon.

제 이름은 레오입니다. - ***Je ileumeun Leo imnida.***
Je m'appelle Léo.

Les phrases courantes

예 - ***Yae*** / 아니요 - ***Anniyo***
Oui / Non.

얼마에요? - ***Eolmaeyo ?***
Combien ça coûte ?

괜찮아요. - ***Gwaenchanayo.***
Ça va.

몰라요. - ***Mollayo.***
Je ne sais pas.

저기요 ! - ***Jeogiyo !*** **ou** 여기요 ! - ***Yeogiyo !***
S'il vous plaît !

이해가 안 돼요. - ***Ihaega andoeyo.***
Je ne comprends pas.

사랑해요. - ***Sarang haeyo.***
Je t'aime.

Trouver son chemin

길 잃었어요. - ***Gil ileotsseoyo.***
J'ai perdu mon chemin.

지하철이 어디예요? - ***Jihacheoli eodiyeyo ?***
Où est le métro ?

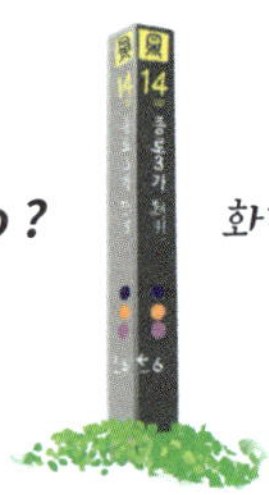

여기서 내릴게요. - ***Yeogiseo naelilgeyo.***
Je descends ici.

화장실 어디 있어요? - ***Hwajangsil eodi isseoyo ?***
Où sont les toilettes ?

Interjections et émoticônes courantes

대박 ! - ***Daebak !***
Waouh ! Incroyable ! Bingo !

크~ - ***Keuh~***
Interjection prononcée lorsqu'on se sent bien, notamment après avoir bu de l'alcool.

아이고 ~ - ***Aïgo~***
Mon dieu ! Oh là là ! Pouah !
C'est le langage des aînées.

우엑 - ***Uek !***
Beurk !

아야 ! - ***Aya !***
Aïe !

어—- ***Eo—***
Prononciation décontractée de « oui ».

헐 ~ - ***Hul~***
Mon dieu ! Oh, là, là ! Pouah !
C'est le langage des jeunes.

ㅋㅋㅋㅋ - ***Keuk keuk*** / ㅎㅎㅎ - ***Hahaha***
Les consonnes ㅋ ou ㅎ sont utilisées pour exprimer le rire ou la gêne.

ㅠㅠ
Émoticône de la tristesse. La voyelle ㅠ représente les larmes qui coulent.

— — ou —..—
Émoticône de l'agacement ou du ridicule : yeux fermés avec ou sans narines gonflés.

^^
Émoticône d'yeux souriants.

Au restaurant

식당 - ***Sikdang*** ou 레스토랑 - ***Reseutorang.***
Restaurant.

메뉴판 좀 주세요. - ***Menyupan jom juseyo.***
Donnez-moi la carte.

이거 주세요. - ***Igeo juseyo.***
Je voudrais ceci, s'il vous plaît.

이게 뭐예요? - ***Ige mwo yeyo?***
Qu'est-ce que c'est ?

물 좀 주세요? - ***Mul jom juseyo?***
Puis-je avoir de l'eau s'il vous plaît ?

저는 매운거 좋아해요. -
Jeoneun maeungeo joahaeyo.
J'adore les plats épicés.

안 매운 거 뭐가 있어요 ? -
An maeun geo mweo ga isseoyo ?
Qu'y a-t-il de non épicé ?

채식메뉴 있어요 ? -
Chaeshik menyu isseoyo ?
Y a-t-il un menu végétarien ?

불고기 이인분 주세요. -
Bulgogi ï inbun juseyo.
Je voudrais deux portions de bulgogi s'il vous plaît.

맛있어요. - ***Masisseoyo.***
C'est délicieux.

잘 먹었습니다. -
Jal moegeot sseumnida.
J'ai bien mangé.

제가 낼게요. - ***Jega naelgeyo.***
C'est moi qui paye.

계산을 따로따로 할게요. -
Gyesaneul ddaro ddaro halgeyo.
Nous paierons séparément.

LES CHIFFRES ET DATES

Aujourd'hui, les nombres coréens s'écrivent en chiffres arabes, mais ils se prononcent avec un mélange de coréen et chinois.

Les chiffres

Chiffre écrit	Chiffre lu		Chiffre compté	
1	일	il	하나	hana
2	이	i	둘	dul
3	삼	sam	셋	set
4	사	sa	넷	net
5	오	o	다섯	daseot
6	육	yuk	여섯	yeoseot
7	칠	chil	일곱	ilgop
8	팔	pal	여덟	yeodeolp
9	구	gu	아홉	ahop
10	십	sib	열	yeol
11	십일	sib-i	열하나	yeol - hana

Même pour les chiffres arabes qui sont quasi universels, chaque culture a sa manière de les « tracer ». Par exemple, le 7 coréen peut être lu par certains étrangers comme un 1. En revanche, le petit trait au milieu du 7 est étranger aux Coréens.

Les dates et durées

1	일 일	il-il	하루	haru
2	이 일	i-il	이틀	iteul
3	삼 일	sam-il	사흘	saheul
4	사 일	sa-il	나흘	naheul
5	오 일	o-il	닷새	datsae

Les grands nombres

10	십	sib
100	백	baek
1000	천	cheon
10,000	만	man
100,000	십만	sib-man
1,000,000	백만	baek-man
10,000,000	천만	cheon-man
100,000,000	억	eok
1,000,000,000	조	jo

LA MONNAIE 화폐

La devise coréenne est le won, 원, qui signifie « rond ».
Le symbole est ₩ et sa norme ISO KRW.

Pièce de 10 won
On y voit une dabotap, une tour en granite située dans le temple bouddhiste Bulguksa à Gyeongju. Elle date de la période du Silla unifié et est connue pour son aspect sophistiqué.

Pièce de 50 won
Depuis 1983, on y voit du riz de la variété tongil. Grâce à elle, la Corée est devenue autosuffisante en riz en 1977.

Pièce de 100 won
Y est représenté le général Yi Sun-sin, un amiral du XVIe siècle qui vainquit les Japonais lors de la guerre d'Imjin avec le bateau tortue, son célèbre navire de guerre visible sur la pièce de 5 won. C'est un héros national en Corée.

Pièce de 500 won
Elle porte le motif d'une grue, symbole de longévité.

Billets de 1 000 et 5 000 won
Sur les portraits de Toegye Yi Hwang et Yi Yulgok, deux grands philosophes et érudits confucéens de la dynastie Joseon.

Billet de 10 000 won
Il montre Sejong le Grand, le quatrième roi de la dynastie Joseon et inventeur du hangeul.

Billet de 50 000 won
C'est la plus grosse coupure, et on y voit une femme : Sin Saimdang, une poétesse, peintre et calligraphe du XVIe siècle, sous la dynastie Joseon. Elle est aussi la mère de Yi Yulgok. Saimdang était son nom de plume.

Lorsqu'on rend la monnaie en Corée, on ne fait pas le décompte à l'envers (comme en France), on la donne en une seule fois, ce qui oblige à vérifier soi-même le montant sur place.

LA POLITESSE 예절

La longue tradition du confucianisme a organisé la vie coréenne selon de nombreux rituels de courtoisie. Bien que simplifiée, cette tradition est encore très importante et reste la base des relations sociales. C'est la norme sur laquelle les gens sont jugés.

Voici quelques principes essentiels : plus on est âgé, plus on est respecté, et il faut être attentif à son regard et aux gestes de ses mains.

- Saluez les personnes âgées en joignant les mains et en inclinant légèrement le haut du corps, d'environ 20 degrés. Évitez le contact visuel. Entre personnes de la même tranche d'âge, on peut se saluer avec le nuninsa - 눈인사, geste qui consiste à incliner très légèrement la tête en se regardant.
- Utilisez les deux mains lorsque vous donnez ou recevez quelque chose, comme de l'argent, des cadeaux ou de la nourriture.
- S'embrasser en public est considéré comme très gênant et impoli, surtout pour les personnes âgées. Certains gestes amoureux sont devenus moins tabous chez les jeunes adultes.
- Bien s'habiller est une forme d'étiquette très importante, car c'est considéré comme un signe de respect. Les costumes sont souvent privilégiés par les hommes.
- Pour désigner une personne âgée, ne la pointez pas du doigt : gardez vos doigts rassemblés et dirigez-les vers la personne, paume vers le haut.

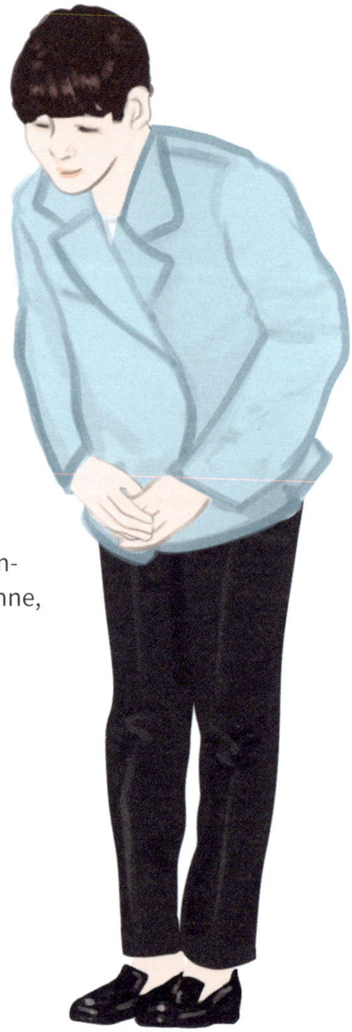

- Enlevez toujours vos chaussures avant d'entrer dans une maison, même si vous repassez rapidement chez vous parce que vous avez oublié votre téléphone et que vous êtes pressé (et même si vous avez des lacets) ! Quelle que soit l'urgence, il faut se déchausser.

- L'échange de cartes de visite est particulièrement important en tant que signe de respect et de reconnaissance mutuels. C'est un rituel très cérémonial qui a lieu immédiatement après la salutation, en position debout. La personne de « rang inférieur », ou le visiteur, offre la carte en premier. Il va de soi qu'on lit la carte, qu'on y jette au moins un coup d'œil avant de la ranger.

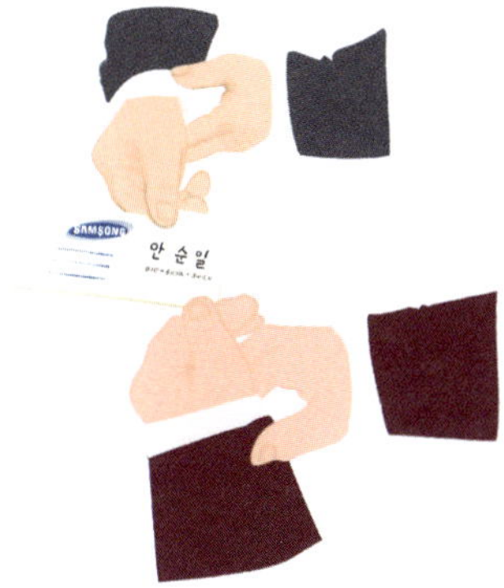

Les bonnes manières à table

- Utilisez la cuillère pour le riz et la soupe, et les baguettes pour d'autres mets.
- Posez les baguettes lorsque vous utilisez la cuillère, et vice versa.

- Attendez que la personne la plus âgée commence à manger ou donne sa permission pour commencer le repas. Quittez la table avec son accord.
- Servez et recevez un verre de boisson alcoolisée à deux mains. Saluez ou dites « merci » lorsque vous le prenez.

- Ne mangez pas en tenant le bol de riz dans vos mains.
- Ne piquez pas les couverts dans le riz sauf pour le repas d'offrande aux ancêtres défunts.
- Ne vous mouchez pas et ne rotez pas à table.
- Ne resservez pas d'alcool avant que le verre soit vide.

Bon à savoir

- Les Coréens s'adressent rarement aux inconnus et ne les saluent pas, même s'ils sont dans un ascenseur. Ils peuvent donc paraître froids et impolis, mais si vous leur demandez votre chemin ou leur parlez, vous verrez qu'ils sont très serviables.
- Ne vous attendez pas à ce que la personne devant vous vous tienne la porte.
- Il n'y a pas de culture du pourboire.
- Il est courant de heurter quelqu'un dans la rue. Bien entendu, ce n'est pas volontaire, mais les Coréens sont toujours pressés…

Pour éviter le mauvais œil

- Ne marchez pas sur le seuil d'une porte.
- Ne vous coupez pas les ongles la nuit.
- N'écrivez pas le nom de quelqu'un en couleur rouge.
- Il existe des immeubles qui sautent le quatrième étage et passent directement au cinquième. C'est parce que la prononciation du 4 est la même que celle du mot « mort ».

LES CORÉENS 한국인

Les Coréens sont des personnes généreuses, hospitalières, joyeuses, mais aussi très émotives – certains étrangers disent que les Coréens sont les « Latins » de l'Asie. Ils tiennent à entretenir des relations harmonieuses au sein de la communauté, et pour cela, la sincérité, la piété filiale, la politesse et le respect de la hiérarchie sont très importants.

La hiérarchie basée sur l'âge

En Corée, il y a toujours la pratique de la hiérarchie, selon le rang qu'on occupe dans la famille, à l'école, dans l'entreprise. La hiérarchie la plus élémentaire est celle de l'âge. Lorsque vous rencontrez quelqu'un pour la première fois, vous pouvez lui demander son âge. Cela détermine la manière de s'adresser à l'autre et les règles de comportement. Il existe un langage *jondaetmal* - 존대말 et *banmal* - 반말 que l'on utilise lorsque l'on s'adresse à des personnes plus âgées que soi ou aux plus jeunes. En général, il est préférable de vous abstenir d'exprimer vos propres opinions. Si vous n'êtes pas d'accord avec les propos de votre supérieur, vous devez l'exprimer d'une autre manière plutôt que de le réfuter sur le-champ.

Il s'agit d'une relation harmonieuse qui exige un respect mutuel : le subordonné a le devoir d'obéir, mais le supérieur se doit d'assumer la responsabilité de prendre soin du subordonné. En conséquence, manger ensemble est une sorte de rituel communautaire. Il est impoli de payer séparément. C'est généralement la personne la plus âgée qui paie, mais si vous mangez avec des personnes de votre âge, il est courtois d'inviter l'autre personne. Lorsque l'addition arrive, on voit souvent les gens se battre pour s'inviter les uns les autres. Ceci dit, les vingtenaires et les trentenaires rejettent cette pratique, ils préfèrent payer leur part ou à tour de rôle.

Les yeux dans les yeux
Regarder son interlocuteur dans les yeux est mal perçu : c'est considéré comme une remise en question de son autorité ou, à l'inverse, cela peut être vu comme un signe d'affection.

JEONG ET *NUNCHI*

Pour les Coréens, le groupe est plus important que l'individu : pour qu'il fonctionne bien, il faut savoir ressentir plutôt que parler. Deux termes désignent ce ressenti :

- **Nunchi** - 눈치 : c'est la capacité à écouter et évaluer ce que les gens pensent et ressentent.
- **Jeong** - 정 : cela consiste à appliquer le nunchi pour rendre service à quelqu'un. C'est une intelligence émotionnelle qui combine l'affection, l'émotion et la responsabilité. Les Coréens se décrivent eux-mêmes comme un peuple sensible au *jeong*.

Lorsque vous rendez service à quelqu'un, il vous le rendra par des actes plutôt que par des mots ; il sera attentif à vos besoins et vous aidera à les satisfaire avant que vous ne le fassiez. Si vous ressentez sa sincérité au-delà du simple remerciement, vous avez établi le *jeong*. Si ces interactions se poursuivent pendant un certain temps, le *jeong* « s'épaissit ». Comprendre l'autre sans passer par les mots est une preuve d'attention et d'empathie. Cependant, cette réceptivité peut devenir trop intense dans certaines situations conflictuelles.

Famille et mère sacrées

La famille est le lieu où cette combinaison du *jeong* et de la responsabilité est le plus visible. La mère est celle qui incarne le mieux cet esprit, c'est pourquoi le statut de la mère est si sacré dans le cœur des Coréens.

Uri - 우리, « nous » avant « moi »

Ils sont soucieux de la collectivité, et il n'est pas naturel pour eux de mettre en avant le « moi », « chez moi » se dit *uri jip*, mais on dit « notre maison », et non *nae jip*, « ma maison » (sauf cas spécial). De même, on dit « notre père » et non « mon père », « notre chien » et non « mon chien », « notre pays » et non « mon pays »… La traduction d'une phrase française comme « je coupe mes carottes en dés » se fera en remplaçant « mes » par « les ». Le *jeong* s'exprime également par la proximité physique. Il est plus visible chez les femmes que chez les hommes. Derrière la culture de plats à partager qu'affectionnent les Coréens se cache le désir d'un contact physique, d'une sorte de fusion.

LES NOMS DE FAMILLE 성씨

Si vous avez des amis coréens, il y a de fortes chances que l'un d'eux porte le nom de Kim, Lee ou Park. La Corée possède une variété presque infinie de prénoms mais un nombre limité de noms de famille.

Le nom de famille coréen le plus courant est Kim : il est porté par près de 20 % de la population. Et si on ajoute les deux autres les plus répandus, Lee et Park, on atteint 45 % ! Il n'existe qu'environ 300 noms de famille différents pour plus de 50 millions d'habitants, alors que la France en compte 1,4 million. En réalité, il y a plusieurs Kim au sein d'une même famille Kim, en fonction de leur lieu d'origine : on considère que deux personnes appartiennent à la même famille s'ils partagent le même nom et la même ville d'origine.

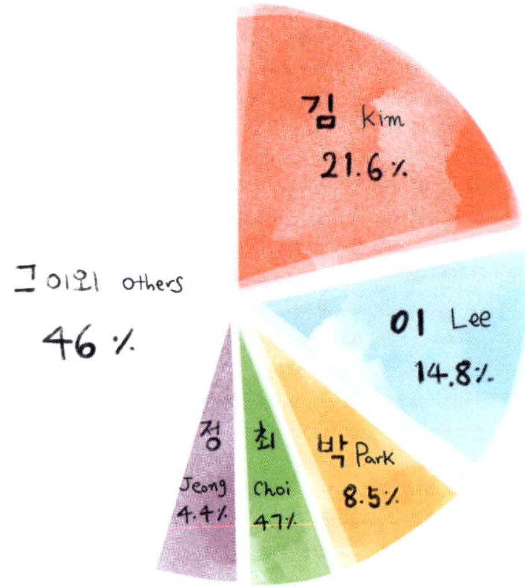

Un phénomène amusant s'est produit lors de la Coupe du monde de football de 2022 au Qatar : cinq joueurs portant le nom de Kim jouaient dans l'équipe de Corée. Pour éviter toute confusion, les commentateurs utilisaient leurs prénoms.

- Une femme mariée ne prend pas le nom de famille de son mari, mais conserve le sien. Si le couple souhaite que ses enfants portent le nom de la mère, il peut en décider lors de l'enregistrement de leur mariage.
- Le nom de famille précède le prénom.
- Dans la plupart des cas, un nom est composé d'un patronyme d'une syllabe et d'un prénom de deux syllabes. Les personnes portant un nom de famille à deux syllabes, ce qui est rare, choisissent souvent un prénom à une syllabe pour leurs enfants afin d'arriver à trois au total.

- Dans la plupart des cas, un nom possède une version en caractères chinois, mais cette pratique diminue.

APPELER LES AUTRES

Savoir comment appeler, nommer ou désigner quelqu'un en Corée n'est pas si facile.

S'appeler par le titre

Dans ce pays où tout va très vite, la tradition liée à la façon dont on s'appelle est restée conservatrice. Cette façon de faire accorde de l'importance à son rôle dans la société, établissant ainsi une hiérarchie. Selon le niveau où chacun se trouve dans l'échelle sociale, l'appellation change pour la même personne. Seuls les amis d'enfance et les petits enfants (et les animaux) peuvent être appelés par leur prénom.

Lorsque vous vous adressez à une personne au travail :

- Si elle est au même rang que vous, utilisez son nom de famille + son titre.
- Si elle est votre supérieur, utilisez son nom de famille + son titre + un suffixe de respect.

김 매니저님 ~ *Kimmenijaenim !*
Kim (nom de famille)
manager (titre)
nim (suffixe de respect)

Présenter ses parents

Il est irrespectueux de prononcer le prénom de ses parents tel quel. M. Hong Gil-Dong sera présenté ainsi par son fils : « Mon père s'appelle Hong, lettre Gil, lettre Dong. » Même les parents s'adressent souvent à leur enfant marié par le titre « Aibiya » ou « [nom de l'enfant] Aibiya » (qui signifie « le père de [nom de l'enfant] »).

Hors contexte professionnel, les personnes âgées sont appelées *ajeossi*, pour Monsieur, *ajumeoni* ou *ajumma*, pour Madame. En cas de doute, il suffit d'attirer l'attention de son interlocuteur en disant : « *Jeogiyo* ! » ou « C'est ici, *yeogiyo* ! » (« S'il vous plaît ! »).

Entre amis

Même dans les relations amicales, s'il y a une différence d'âge, ne serait-ce que d'un an, la personne la plus âgée appelle son ami par son prénom. À l'inverse, la plus jeune l'appelle par un titre spécial :

- *Hyeong*, titre qu'un homme donne à un autre homme plus âgé que lui.
- *Nuna*, titre qu'un homme donne à une femme plus âgée que lui.
- *Eonni*, titre qu'une femme donne à une autre femme plus âgée qu'elle.
- *Oppa*, titre qu'une femme donne à un homme plus âgé qu'elle. Ce terme est aussi utilisé par les femmes pour appeler leur amoureux. Les célèbres paroles de chanson « Oppan Gangnam style ! » signifient « Mon chéri, tu as du style de Gangnam ! »

Entre amis du même âge, s'ils ne se connaissent pas depuis l'enfance, il est poli d'ajouter le suffixe respectueux *si* après le prénom.

Imo, « Mama » coréenne

Dans un petit restaurant populaire, style *pocha*, les jeunes appellent souvent la serveuse, si elle est d'âge moyen, « Imo » ce qui veut dire « une tante ». C'est un terme familier qui transmet un sentiment de confiance et de générosité, un peu comme « Mama ».

L'HABITAT ET L'INTÉRIEUR

Lorsqu'on arrive en avion en Corée, on remarque tout de suite que les villes abritent de nombreux gratte-ciel alignés. Dans le processus d'urbanisation après la Guerre, vivre dans un gratte-ciel était considéré comme un progrès.

Les appartements, *apateu* - 아파트

Environ 92 % des Coréens vivent en ville, dont plus de la moitié dans la région de la capitale, Séoul, qui ne couvre que 12 % de la superficie du pays. Cette forte densité de population a nécessité la construction de tours d'habitation. Si certains préfèrent toujours vivre dans des maisons individuelles, les complexes d'appartements répondent mieux aux attentes des Coréens, habitués à la rapidité et à l'efficacité.

Le saviez-vous ?

En Corée, le premier étage, *il cheung*, est le rez-de-chaussée et l'étage supérieur, *i cheung*, est littéralement le deuxième étage.

Avec le temps, beaucoup de choses se sont occidentalisées en Corée, y compris l'habitat. L'intérieur d'un appartement comprend généralement une cuisine ouverte, qui fait face au salon. Les chambres sont situées plus en retrait. La plupart des logements disposent d'une terrasse vitrée. Malgré la présence de canapés et de chaises, on voit souvent des personnes assises ou allongées sur le sol. Les personnes âgées, en particulier, se sentent plus à l'aise sur le sol.

Sur l'ondol, sol chauffé, il fait bon de s'allonger et s'assoir en tailleur

Dans les logements modernes, le mode de chauffage est resté le même que dans les hanok, les maisons traditionnelles. Il s'agit de l'ondol, un système qui chauffe le sol en envoyant de l'air chaud dans la cavité située sous la planche de chambre reliée au foyer. Il est indispensable pour les Coréens qui ont développé un mode de vie « assis » et ont l'habitude de ne pas porter de chaussures à l'intérieur. Les radiateurs sont rares dans les habitats, on les trouve seulement dans les bureaux et les espaces publics.

Les serrures électroniques, *doeolak* - 도어락

Les serrures de porte électroniques sont monnaie courante en Corée, ce qui libère les gens des clés. Il existe différents systèmes pour ouvrir sa porte : le digicode, la reconnaissance d'empreintes digitales et le sans contact de son téléphone portable.

À l'école, les élèves portent des chaussures prévues pour l'intérieur. Elles sont disposées dans des casiers prévus à cet effet, à l'entrée du bâtiment.

LES TRANSPORTS 교통

Les transports quotidiens reflètent le rythme trépidant de la Corée. Sa forte densité de population et son économie dynamique lui permettent d'avoir l'undes réseaux de transports publics les plus développés au monde.

Le bus urbain, *sinae beoseu*

Le réseau de bus est très développé non seulement dans la capitale et les métropoles, mais aussi dans les communes de province. Certains itinéraires de bus destinés aux transports du quotidien permettent de circuler dans la ville mais aussi de parcourir de très longues distances pour aller d'une ville à l'autre.

Les Coréens sont très ordonnés et respectueux : il convient de faire la queue pour monter dans le métro.

Le métro, *jihacheol* 지하철

Les métros sud-coréens sont parmi les plus attractifs au monde en termes de prix et de commodité. On peut parcourir 70 kilomètres pour le double du tarif de base qui est d'environ 1 euro. Dans les stations, propres et spacieuses, on trouve des toilettes, des ascenseurs et des portes d'embarquement clairement indiqués. Elles abritent aussi de nombreuses supérettes et boulangeries ainsi que d'autres magasins, ce qui permet de faire quelques emplettes sur le chemin du travail. Il y a de l'air conditionné en été, du chauffage et des sièges chauffants en hiver.

Des stations de métro comme abris d'évacuation

Des signalétiques près des stations de métro rappellent la tension entre la Corée du Sud et du Nord. De temps en temps, des exercices sont organisés afin de préparer la population à d'éventuelles attaques nord-coréennes ou catastrophes. Les sirènes retentissent, la circulation s'arrête et les gens se mettent à l'abri dans les stations de métro. Cette situation peut être effrayante pour les touristes étrangers qui ne le savent pas !

Des métros circulent à Séoul, Incheon, Busan, Daegu, Gwangju et Daejeon.

Comment payer les transports publics ?

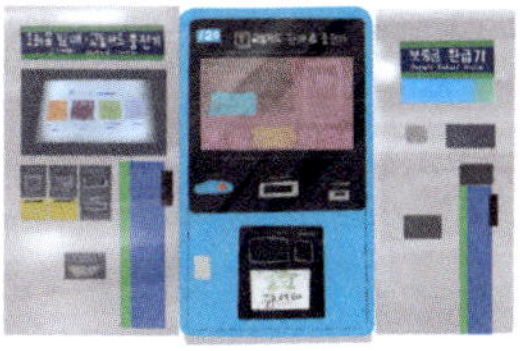

Les tickets en papier ont été définitivement supprimés en 2009. Tout le monde paie par carte bancaire ou par application mobile. Les guichets des stations de métro délivrent également des cartes en plastique à usage unique. Lorsque vous arrivez à destination, vous insérez votre carte dans une machine, et la caution que vous avez prépayée vous est ensuite remboursée. En revanche, les bus ne proposent pas de cartes à usage unique et certains n'acceptent pas non plus les espèces. Sachez qu'il faut passer sa carte à la borne en montant mais aussi en descendant.

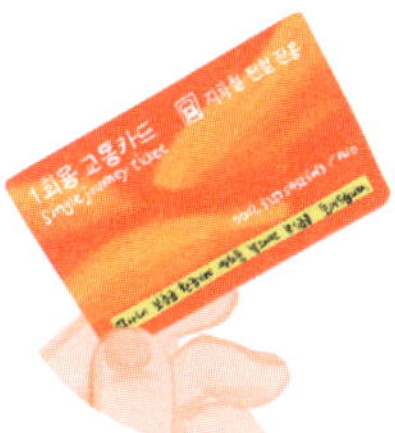

La carte T-Money : il s'agit d'une carte de transport rechargeable qui peut être utilisée dans tous les transports publics de Corée. 96 % du pays est desservi.

Les taxis

Les courses en taxi sont abordables. Dans la plupart des cas, elles se réservent par l'intermédiaire d'une application mobile, car il n'est pas facile de héler un chauffeur dans la rue. Le tarif nocturne s'applique de 22 heures à 4 heures du matin. Comme en France, un signal lumineux éteint indique que le taxi est occupé. S'il est rouge, c'est un SOS.

Mobeom taeksi, le taxi de luxe

Ces taxis offrent un service luxueux. On les reconnaît à leur voiture plus grande, de couleur noire avec des bandes dorées, et sont conduits par des chauffeurs « exemplaires ». Pour obtenir ce titre, il faut avoir au moins cinq ans d'expérience professionnelle sans incidents. Être *moebom taeksi* confère des droits particuliers : si nécessaire, le chauffeur peut diriger la circulation, ses signaux manuels ont alors la priorité sur les feux de circulation. Les ignorer constitue une infraction au code de la route.

Si on ne peut pas conduire : le *daeri unjeon*

Un chauffeur de substitution ramène le client chez lui, dans sa propre voiture, s'il est dans l'incapacité de conduire. Ce service est plébiscité après une soirée arrosée ou à la suite d'un examen médical.

Les vélos en libre-service

La plupart des villes proposent des services de vélos publics payants, avec des cartes journalières ou à long terme.

Le Sudogwuoen

Le Sudogwuoen est une aire métropolitaine qui comprend Séoul et ses alentours.

Les transports publics du Sudogweon se caractérisent par des métros qui desservent plusieurs villes et des bus urbains qui se rendent à Séoul. Grâce à ces vastes réseaux, les habitants de la région métropolitaine peuvent parcourir quotidiennement de longues distances pour se rendre au travail. Le métro de Séoul compte 23 lignes et 768 stations pour une distance totale de 1 262,2 kilomètres. La ligne 1 est la plus longue avec 218,3 kilomètres !

L'ÉDUCATION, C'EST SACRÉ !

L'enseignement obligatoire en Corée comprend six années d'école primaire et trois de collège. Le lycée dure trois ans. En plus, une énorme quantité de temps et d'argent est investie dans l'éducation. Un principe confucéen est que « l'éducation garantit le succès ». Les Coréens pensent que ce zèle éducatif a été à la base de la croissance du pays, mais aujourd'hui cela est devenu excessif et met beaucoup de pression sur les jeunes.

L'éducation prénatale et postnatale

La fièvre de l'éducation commence avant même la naissance du bébé.

- Le *taegyo* fait référence à l'éducation donnée au fœtus. À l'origine, le concept avait pour objectif de donner naissance à un bébé en bonne santé, mais aujourd'hui l'accent est mis sur le développement du cerveau, considéré comme un moyen de le rendre plus intelligent. L'apprentissage se fait principalement par la parole et la lecture. On peut même voir parfois les futures mères écouter des cours d'anglais ou de mathématiques, qu'elles les comprennent ou pas.
- Les soins postnatals se passent au *sanhu joriweon*, une sorte d'école pour les jeunes mères. Elles apprennent à prendre soin de leur santé et à s'occuper de leur nouveau-né.

Pour réussir son entrée dans les bonnes universités

- Dès l'école primaire, les élèves suivent des cours extrascolaires qui durent jusqu'à très tard la nuit.
- Le travail bénévole, les récompenses et autres réalisations comptent aussi.
- Il est possible de faire appel aux services d'un coordinateur d'admission : il conseille les élèves et les parents sur les stratégies à adopter, suit les résultats scolaires et les activités volontaires, et ce, parfois tout au long de l'année précédant l'examen.

Le *suneung*, examen d'entréeà l'université

수능

Le jour de *suneung*, en novembre, la Corée entière retient son souffle : cet examen est considéré comme un événement déterminant de la vie. Les élèves passent entre huit et neuf heures sur leurs copies pour différentes matières. Il s'agit d'un examen de grande envergure qui nécessite une préparation et un accompagnement : le matin, la capacité des transports en communs est augmentée et ils sont plus nombreux. Il y a également plus de taxis.

Les administrations et certaines entreprises privées retardent leurs horaires d'ouverture. Des centaines de civils, pompiers et policiers à moto sont postés aux stations de métro et aux arrêts de bus situés à proximité des lieux d'examen afin de minimiser les situations inattendues, comme les retards et la perte de papiers. On invite les entreprises de BTP à réduire le bruit des chantiers et les automobilistes à éviter les klaxons. Les atterrissages et les décollages des avions sont également décalés pour qu'ils n'aient pas lieu pendant l'épreuve d'écoute d'anglais.

Pour réviser : les *steodi-kafe*

Les *steodi-kafe* (*study-cafe*) sont des espaces mi-cafés, mi-bibliothèques. On peut y commander des boissons tout en restant longtemps pour travailler, installé sur des tables cloisonnées comme celles des bibliothèques. Le tarif est à l'heure et non à la consommation. De nombreuses personnes se concentrent mieux dans un environnement vivant avec un peu de bruit et préfèrent réviser là plutôt que de rester chez elles.

LA VIE D'ENTREPRISE 직장생활

La croissance de l'économie coréenne d'après-guerre, surnommée le « miracle du fleuve Han », n'a pourtant rien de miraculeux : elle est le résultat du travail acharné, de l'efficacité et du dévouement exceptionnels du peuple. La fiertéde la réussite a fini par imprégner tous les Coréens, ce qui se traduit par un goût pour la compétition et les défis qu'on observe dès la scolarité.

Entretien d'embauche

La hiérarchie et la culture militaire

En Corée, prévaut l'idée que c'est l'établissement d'un ordre hiérarchique qui rend possible l'efficacité dans la vie professionnelle. La tradition confucéenne, les mouvements de résistance sous l'Occupation, la guerre et le face-à-face avec la Corée du Nord… Par l'histoire moderne du pays, la culture militaire s'est insinuée dans l'organisation générale de la société.

Même pour la réunion de travail la plus simple il existe des règles implicites concernant l'endroit où s'asseoir. Les sièges les plus éloignés de la porte ou de l'allée et ceux situés près d'un mur contre lequel on peut appuyer son dos sont réservés aux supérieurs. Il en va de même dans l'ascenseur : la personne de rang inférieur fait le portier. Et les jeunes hommes les plus libres ne peuvent éviter de faire leur service militaire le moment venu. L'obligation vaut pour tous, y compris les membres du groupe de K-pop BTS !

« Vite, vite ! »

La société coréenne valorise la vitesse et cherche à maximiser l'efficacité. Services administratifs, commerces, transports… Tout va vite et à l'unisson. Même lorsqu'on mange dans un restaurant, le service doit être rapide. Mais maintenant que la Corée a atteint une certaine stabilité économique, de plus en plus de gens, surtout des jeunes, plaident pour un rythme de vie plus lent.

« Vite, vite ! »,
« Palli, palli ! - 빨리 빨리! »,
est le mot d'ordre.

Un vent de renouveau

Autrefois, la Corée était connue comme un pays où les journées de travail étaient longues. Aujourd'hui, la durée de travail légale pour un employé à temps plein est de 40 heures par semaine.
La jeune génération se caractérise par des tendances individualistes et anti-autoritaires.
Grâce aux féministes coréennes, on accorde aussi de plus en plus d'importance à l'égalité des sexes à la maison et sur le lieu de travail.
Une campagne visant à faire de chaque mercredi le « jour de la famille » encourage les parents à quitter le travail à temps pour passer plus de temps avec leurs enfants.

Le café, philtre d'énergie au bureau

Le café est le compagnon qui partage le quotidien des employés de bureau coréens. Il est (très) sucré, facile à boire et surtout, apporte de la caféine.

Le café instantané avec du sucre et de la crème inclus, appelé « coffee mix », est le fidèle compagnon des employés de bureau depuis plus de 30 ans !

Symbole du bien-être des employés, il est aujourd'hui également utilisé par les entreprises comme un moyen d'attirer les jeunes en disposant de café de qualité et d'un lieu aussi agréable qu'un café pour sa consommation.

Hoesik, l'« after work » entre collègues

La tradition du *hoesik* consiste à se retrouver entre collègues après le travail. C'est un moment important de la vie d'entreprise, qui permet de resserrer les liens. Il a longtemps été implicitement obligatoire, mais la jeune génération, qui accorde de l'importance à son temps libre et sa vie privée, a tendance à le rejeter. Un déjeuner léger accompagné de boissons non-alcoolisées remplace le *hoesik*, qui finissait souvent très tard.

Développement personnel

Après le travail, de nombreux Coréens suivent des cours au lieu de rentrer chez eux. En effet, le développement personnel, qui passe par l'apprentissage d'une seconde langue ou de compétences en communication, n'est plus considéré comme une option mais comme une nécessité. Faire du sport, même tard le soir, en fait aussi partie, la forme physique étant essentielle à la réussite.

LA VIE NOCTURNE

La vie nocturne coréenne se vit à 200 à l'heure. C'est à ce moment que les amoureux et les amis se retrouvent pour boire un verre et chanter après une dure journée de travail. On a l'impression que les grandes villes coréennes ne dorment jamais, et l'on s'y sent en sécurité, il y a moins de risque à sortir le soir.

밤문화

De nombreux lieux, ouverts 24 heures sur 24, offrent des services de loisirs. On retrouve le jjimjilbang, une sorte de sauna où l'on peut s'allonger et se détendre. Pour les voyageurs, c'est un endroit bon marché où passer la nuit.

Le moyen le plus efficace de se défouler, chanter et danser est de se rendre dans un *noraebang*, karaoké coréen généralement ouvert jusqu'à 3 heures du matin, si ce n'est pas 24 heures sur 24 dans les quartiers où ils sont nombreux – ils sont parfois plus d'une dizaine dans une même rue ! Si vous ne voulez que danser, il y a bien sûr des boîtes de nuit, qui sont surtout concentrées dans les quartiers Gangnam, Itaewon et Hongdae à Séoul.

Si vous avez faim après vous être amusé tard dans la nuit, vous trouverez toujours des restaurants dans les environs. Dans ce cas, des panneaux indiquent qu'ils sont ouverts 24 heures sur 24. On y sert principalement des plats simples mais savoureux, comme les plats de tang à base de bouillon épais avec des morceaux de viande qui a mijoté longtemps. On trouve aussi beaucoup de street food comme le *kimbap*, le *tteokbokki* et les *oemuk*, pâte de poisson frite.

Les amateurs de shopping peuvent flâner et faire des emplettes dans les marchés de nuit, ouverts le week-end à partir de 18 ou 19 heures jusqu'à 23 heures ou minuit. Les food trucks y sont également appréciés !

Enfin, sachez que même les petits quartiers moins animés comptent plusieurs *pyeonui-jeom* - 편의점, des magasins de proximité ouverts 24 heures sur 24.

FAIRE SES COURSES 장보기

Les courses alimentaires se font dans les centres commerciaux : hypermarché, supermarché et grands magasins. Tout comme les magasins de vente en ligne, ils disposent de services de livraison bien développés, qui répondent au besoin de rapidité et d'efficacité de la population. Faites des courses en Corée, et vous découvrirez aussi la serviabilité et la gentillesse du personnel.

Les *pyeonuijeom* 편의점, magasins de proximité

Les *pyeonuijeom* sont des sortes de superettes de proximité : en 2023, Séoul en comptait environ 14 par kilomètre carré ! Au début, les commerçants vendaient principalement des produits industriels de base, des cigarettes, des boissons, des produits d'hygiène et des médicaments, mais peu de produits frais. Ils en proposent davantage depuis quelques années, mais conditionnés en petites unités. Ils vendent aussi une grande variété de *dosirak* - 도시락, des boîtes de repas qui répondent aux besoins du nombre croissant de ménages d'une seule personne. La plupart sont ouverts 24 heures sur 24, avec un service de livraison disponible jusqu'à 23 heures.

Les noms de marchés

Le terme de marchés modernes a été anglicisé pour les distinguer du marché traditionnel. À la fin des années 60, le supermarché, alors appelé *chyupeomaket* (proche de l'anglais « supermarket ») est devenu le nouvel endroit où faire ses courses. Dans les années 90, l'hypermarché a fait son apparition et a été appelé *mateu* (« mart », en anglais, signifie « magasin ») ou *mol* (« mall », « centre commercial »).

Les *domae sijang*

Quand j'étais petite, j'adorais aller au marché aux poissons le dimanche avec mon père. Voir un requin entier sur un étal et des poissons vivants dans des bassines, c'était comme aller à l'aquarium. Ces marchés spécialisés valent le détour, car on y trouve une grande variété de denrées alimentaires, de plantes médicinales, de vêtements, d'ustensiles, de meubles, de papeterie… Les Coréens connaissent bien ces différents marchés spécialisés tenus dans les provinces et adorent s'y rendre.

Sacré dimanche… pour faire ses courses !

Il fut un temps où le gouvernement obligeait les commerces à fermer le dimanche pour donner du répit aux employés, mais la fermeture se fait désormais en semaine, à raison de deux jours par mois pour les petits magasins et d'une fois par mois pour les plus grands.

Les *danggeun*, marchés de produits d'occasion en ligne communautaire

Ces transactions ont lieu dans le quartier et se font en main propre. Tous les utilisateurs sont vérifiés par leur quartier, ce qui permet d'acheter des articles d'occasion en toute sécurité dans un rayon proche de chez vous. Ce système a aussi l'avantage d'animer la vie communautaire.

고추 도매 시장

L'amour des Coréens pour les piments est attesté par les nombreux marchés spécialisés qui se tiennent dans les provinces.

LES JEONTONG SIJANG, MARCHÉS TRADITIONNELS

Plus que de simples marchés, ce sont des lieux spéciaux qui suscitent la nostalgie chez les Coréens. En effet, après la Guerre, la plupart n'avaient plus rien. Et c'est au marché que l'histoire de la réussite coréenne a commencé. Pour beaucoup, c'est le lieu où les parents et les grands-parents ont travaillé durement et se sont sacrifiés pour leurs enfants, et où les immigrants venus de tout le pays se sont rassemblés pour se soutenir. Pour la jeune génération, les *jeontong sijang* incarnent une autre époque.

Ajumma, personnage incontournable du marché

La figure de l'*ajumma* renvoie à l'endurance des mères coréennes. Bien que le mot désigne à l'origine une tante, on l'utilise aujourd'hui pour qualifier une femme d'âge moyen, forte et résistante face à la dureté du quotidien et est associé au marché, lieu de la vie active.

Ça sent la Corée !

Les principaux *jeontong sijang* permanents des villes sont souvent entourés d'arcades. Ils sont de plus en plus consacrés à l'alimentation, mais on trouve également des magasins de vêtements et de produits manufacturés. Leur atmosphère se caractérise par des odeurs typiquement coréennes qui émanent des boutiques traditionnelles comme celles des moulins à épices, qui ne sont pas vendus dans les grandes surfaces : l'arôme de l'huile de sésame se mêle à l'odeur épicée du piment fraîchement moulu, il y a aussi une légère odeur de sauce poisson fermenté, l'odeur amère des plantes médicinales et celle, terreuse, des légumes qui ne sont pas emballés dans du plastique.

LA SANTÉ AU QUOTIDIEN 건강

Il est facile de l'oublier avec la modernisation du pays, mais les Coréens ont toujours aimé la nature et recherchent la guérison auprès d'elle. Par ailleurs, le montant dépensé en soins médicaux en Corée est beaucoup plus élevé que dans d'autres pays, car avoir un corps sain et rester jeune sont des armes essentielles dans cette société compétitive.

Le *jjimgilbang*, sauna à la coréenne

En Corée, prendre soin de son corps n'est pas tabou. L'image d'une personne allongée, se reposant ou faisant une sieste, en tenue confortable, sans chaussures, est simplement le signe d'un bien-être, d'une décontraction. L'amour des Coréens pour le sauna ne date pas d'hier : aller en cure thermale et « se griller le corps sur l'ondol », *jijinda* - 지진다, font partie des plaisirs de la vie. On considère qu'il est sain d'avoir chaud au point de transpirer.

La serviette roulée en forme de tête de mouton est un accessoire typique du jjimjilbang.

Le *jjimjilbang* est une sorte de spa public, un lieu unique où l'on peut dormir, se détendre ou aller au sauna en famille ou avec des amis. Certains sont ouverts 24 heures sur 24, et les tarifs sont abordables, environ 7-10 euros. Après une douche, on enfile un vêtement confortable, puis on fait le tour des saunas où sont proposés des cristaux, du charbon de bois, du sel et de la glace… Quand le corps est agréablement fatigué, on s'installe au grand salon dédié au repos, pour s'allonger, dormir, lire ou grignoter. On termine par un bain avant de sortir.

Les plantes

Les décoctions sont souvent prises comme compléments alimentaires. Les coffrets de tisanes font de très bons cadeaux, mais un geste très courant consiste à offrir spontanément un sachet à un collègue. C'est un excellent moyen de sympathiser.

La qualité de l'air

Soucieux de la pollution de l'air, presque tous les Coréens équipent leur logement de purificateurs d'air, surtout s'ils ont des enfants. Le charbon de bois est un excellent humidificateur et déshumidificateur à l'intérieur.

족욕

(Bain de pied)

Près des stations thermales, on trouve généralement un bain public pour les pieds. L'eau provient de sources d'eau chaude et est maintenue à environ 40 °C. Il est très relaxant d'y tremper ses pieds tout en profitant du paysage extérieur. Certains cafés en ville proposent également ce service avec des bains individuels, dont on profite en buvant des tisanes de plantes médicinales.

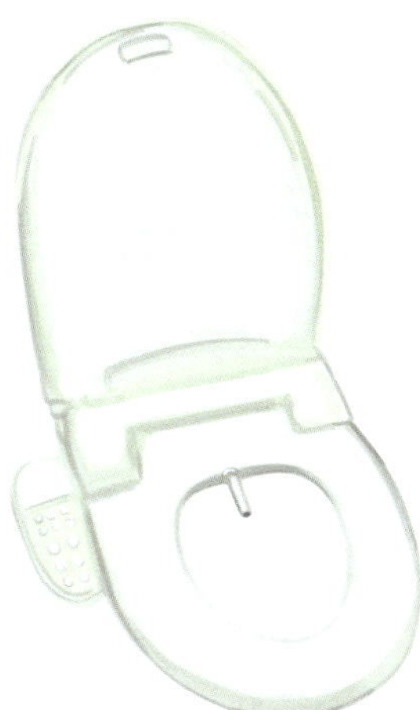

L'hygiène

Le plaisir de se laver s'étend au bain, au bain de pieds et au bain intime. Les bidets sont largement répandus dans les maisons et les lieux publics. Beaucoup de personnes se brossent les dents après le déjeuner, que ce soit au travail ou à l'extérieur. Dans les écoles, un espace y est consacré.

LA PASSION POUR LA MONTAGNE 등산

Bien que la Corée soit bordée par la mer, les gens croient que les montagnes sont la source de la force spirituelle. Des mythes fondateurs aux croyances populaires, presque tout est lié aux montagnes. C'est aussi le lieu du culte des ancêtres. Même le ginseng, une plante vivace qui y poussait à l'origine à l'état sauvage, contiendrait l'énergie de la montagne, lui conférant ainsi des vertus médicinales.

La randonnée en montagne

Pas besoin d'aller bien loin pour voir des montagnes : certaines sont cachées dans la ville ! En effet, les montagnes coréennes ne sont pas très hautes, la moitié mesurant 200 à 500 mètres. À Séoul, se trouvent six montagnes d'une altitude de 500 et 900 mètres. Même les Séouliens les plus occupés font de l'escalade le week-end, c'est un sport national. Mais aller à la montagne, ce n'est pas seulement faire de l'exercice : c'est le désir de recevoir son énergie, un rituel, une façon de s'éloigner du béton, de toucher la terre et de sentir les roches qui semblent éternelles.

Si le vert des montagnes est apaisant, les couleurs des feuilles d'automne attirent beaucoup de monde. Chaque année, le service des forêts publie une carte prévisionnelle pour annoncer leur arrivée ! Elles sont généralement à leur apogée fin octobre ou début novembre. Il est aussi très apaisant de passer des vacances d'été dans une vallée ombragée, à tremper ses pieds dans les cours d'eau, à écouter le ruissellement de l'eau et à regarder les arbres. Il existe plusieurs sentiers de randonnées balisés adaptés à différents niveaux.

Les Coréens accordent beaucoup d'importance à avoir une tenue adaptée : les magasins d'équipement de randonnée ne manquent pas !

La montagne est source de vie, et le plaisir de boire de l'eau à la source est unique.

Sachet auto-chauffant au contact de l'eau.

Les repas pris dans la nature sont toujours délicieux. Depuis l'interdiction d'allumer des feux, on utilise des lunch box autochauffantes.

Signalétique en pierre indiquant le nom d'un lieu et d'un sommet.

LA BEAUTÉ EN CORÉE 외모

Pour les Coréens perfectionnistes, la beauté est une vertu qui va de pair avec l'éducation. On veut naître beau, ou du moins prendre soin de soi autant que possible.

L'apparence, capital d'attractivité

L'apparence joue un rôle important dans la société. Pour les Coréens, c'est comme un tremplin vers la réussite et le statut social. C'est pourquoi la chirurgie esthétique est considérée comme un investissement. Les adolescents se voient souvent offrir une opération de chirurgie esthétique lorsqu'ils réussissent un examen. Heureusement, les chirurgiens sont très compétents – de nombreux voyageurs étrangers viennent en Corée pour des opérations de chirurgie esthétique et des soins de beauté.

K-beauty : le culte de la peau parfaite

Selon un adage coréen, « une belle peau corrige sept défauts ». La beauté coréenne, surnommée « K-beauty », repose principalement sur les soins de la peau. Le mot d'ordre est de « rester jeune », et on y parvient en préservant la pureté de la peau. C'est pourquoi les Coréens préfèrent un maquillage très léger.

Voici quelques pratiques et caractéristiques de la K-beauty :

- Les soins et cosmétiques sont composés de produits naturels utilisés depuis des siècles dans la médecine traditionnelle, comme le thé vert, le ginseng et le miel.
- On effectue un double nettoyage de la peau, d'abord avec de l'huile puis un nettoyant moussant doux, afin d'éliminer toutes les impuretés.
- On pratique l'art du layering, « superposition » en français. Cela consiste à appliquer plusieurs couches de soins les uns après les autres, dans un ordre précis : une lotion tonique, quelques gouttes de sérum, puis une crème hydratante.
- Les masques, appliqués une à deux fois par semaine, permettent d'hydrater la peau en profondeur et de lui redonner de l'éclat.
- Les Coréens aiment la peau claire, c'est pourquoi la protection solaire est indispensable. Ils en mettent chaque jour, même par temps gris, pour prévenir l'apparition de taches brunes et de rides. La crème s'applique à la fin de la routine de soins, avant l'éventuel fond de teint.

Le masque en tissu est né en Corée

Un rituel très apprécié entre amis ou en couple pour partager un moment de complicité est de se faire un masque en même temps.

Prendre soin de son apparence est une nécessité pour les hommes aussi : cela passe par les vêtements, la silhouette et les soins de la peau. Environ 20 % des ventes mondiales de cosmétiques pour hommes sont réalisées en Corée.

Les hommes sont soucieux de leur beauté…

Les gens ne trouvent plus étrange que les hommes se maquillent.

… et les femmes vont à la salle de sport

Pendant que les hommes apprennent à se maquiller, les femmes prennent soin de leur santé à la salle de sport.

문화와 예술

LA CULTURE ET LES ARTS

Bien avant que le terme *hallyu* ne soit inventé pour décrire la vague de la culture coréenne, le *pungryu* imprégnait la vie sociale et l'art coréen. Ce concept consiste à laisser la vie quotidienne derrière soi et suivre le courant du vent et de l'eau pour profiter de la poésie et des loisirs. Aujourd'hui, les Coréens ont la réputation d'être des travailleurs acharnés, mais prendre le temps de se détendre a longtemps été considéré comme une qualité. Cette vertu combinée à leur imagination romanesque et l'humour qui leur est propre a contribué à l'élégance des arts coréens. Dans la tradition confucéenne, qui privilégie la vie communautaire, les messages personnels sont sublimés dans les jeux, le théâtre, le chant. L'art est un moyen de communication efficace dans la vie de la population.

LE COSTUME *HANBOK* 한복

Le style actuel du *hanbok*, costume traditionnel, a pour origine la dynastie Joseon. Ses lignes courbes sont caractéristiques de l'esthétique coréenne. Dans une recherche de simplicité et d'élégance discrète, une attention particulière est portée aux finitions telles que la forme du col, du haut et des chaussettes. Aujourd'hui encore, les jeunes s'amusent à porter le *hanbok*, qui continue d'évoluer en tant qu'habit pratique et confortable.

Mini-*jeogori*, mini-jupe à la coréenne

L'évolution de la longueur de *jeogori*, haut féminin, est similaire à celle de la jupe en Occident. À la fin du XIXe siècle, ce vêtement aux manches aussi serrées qu'un jean slim et très courtes, laissant parfois les aisselles nues visibles, deviennent à la mode chez les modeuses.
Cette tenue considérée scandaleuse, associée à de grandes perruques et à des jupes bouffantes, créa l'image d'une femme sensuelle en rompant avec le rigorisme confucéen.

Une peinture du XIXe, « Portrait de beauté ».

Peuple en blanc

Les Coréens ont été longtemps surnommés « peuple en blanc » en raison du culte voué à la couleur blanche (et par extension au beige, au jaune clair, à l'ivoire…), symbole de pureté et de modération. C'est une tradition ancienne : lorsque la pensée confucéenne régnait, les couleurs avaient tendance à être considérées comme frivoles, si bien que les érudits, les nobles et même les rois préféraient porter du blanc.

Comment nouer les goleum, la fermeture en rubans.

L'élégance au bout des pieds

La partie légèrement surélevée à l'avant de la chaussure préserve l'extrémité des chaussettes. Aujourd'hui fabriquées avec des matériaux modernes, elles étaient autrefois faites avec du cuir pour les nobles et avec du bois, de la paille de riz ou de chanvre pour le peuple. Le bout pointu de ces chaussures en bois est similaire aux sabots en Occident.

Beoseon, chaussettes traditionnelles

댕기

La coiffure

Traditionnellement, les femmes mariées étaient coiffées d'un chignon, tandis que les célibataires portaient une natte nouée par un ruban rouge appelé *denggi.*

Les vêtements en *sekdong* -색동

Le *sekdong* est un motif de rayures colorées conçu selon la théorie des cinq couleurs *obangsek*. Traditionnellement, il était utilisé pour la confection de vêtements d'enfants jusqu'à l'âge de 7 ans. Aujourd'hui, il peut être porté librement sans aucune restriction d'âge.

Les bijoux

Les femmes portent des *norigae*, des bijoux qui se portent en haut de la jupe et sur la poitrine. Ils se composent de nœuds décoratifs, de pierres ou métaux précieux, d'objets artisanaux et de pompons en fil de soie. En général, la proportion du nœud au sommet par rapport aux pompons en dessous est proportionnelle au petit haut et à la jupe longue du *hanbok*.

Les hommes, quant à eux, portent des bijoux appelés *sulti.*

LES CÉRAMIQUES 도예

Les Coréens vénèrent la terre en tant que nature : la travailler, la transformer est donc sacré, c'est presque comme recréer la nature. La céramique comme œuvre d'art est donc tenue en très grande estime. Elle est également utilisée dans les arts de la table.

La porcelaine blanche de Joseon, *baekja* 백자

Si les céladons illustrent la sophistication technique, la *baekja* de la période Joseon (du XIVe au début du XXe siècle) recherche une esthétique minimaliste qui la surpasse. Les jarres de lune sont la quintessence de cet artisanat : elles se caractérisent par des courbes libres brisant le rond parfait, une teinte blanche subtile et un toucher doux et chaud que l'on peut sentir même avec le regard. Les artistes recherchent un raffinement épuré, spontané et non délibéré.

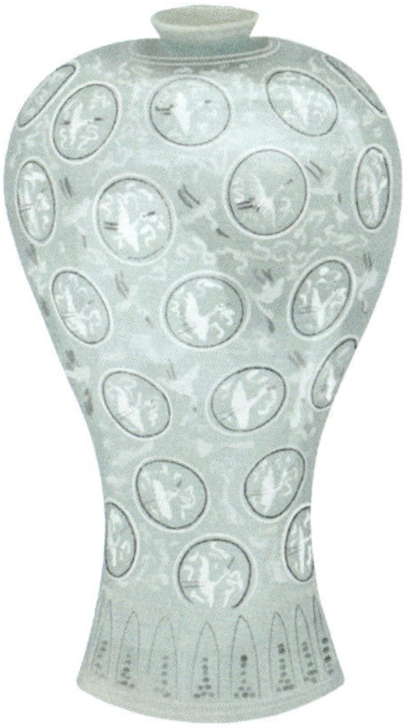

Les céladons de Goryeo, *cheonja* - 청자

L'ancien royaume coréen de Goryeo (du xe au xive siècle) n'est pas seulement à l'origine du nom de la Corée : ses célèbres céladons l'ont fait connaître comme le pays de la céramique. Les nuances bleu-vert et les techniques d'incrustation d'argile blanc et noir dans des rainures sont particulièrement remarquables.

Le *gama*, four céramique

Le céramiste est un artisan de terre, mais surtout de feu. Le *gama* ancien est construit sur un terrain en pente, avec des cloisons ou des piliers pour créer des compartiments, afin de mener les feux aux passages voulus. Alors que la plupart des céramistes utilisent de nos jours des fours électriques, ceux qui travaillent encore avec les fours anciens sont de véritables chefs d'orchestre : ils jouent avec le feu et l'air à travers les trous du four pendant plusieurs jours et plusieurs nuits, laissant des marques singulières sur les objets cuits qui deviennent des marqueurs artistiques.

가마

L'alcool coréen va de pair avec la céramique

Lorsqu'on boit l'alcool coréen traditionnel dans des bouteilles et des tasses en céramique l'odeur spécifique du contenant, à la fois minérale et chaleureuse, sublime l'arôme.

LES RELIGIONS 종교

La Corée n'a pas de religion officielle et abrite une grande variété de croyances. Les chrétiens et les bouddhistes sont les plus nombreux, mais on observe aujourd'hui une forte tendance laïque : près de la moitiéde la population est athée.

Les églises

Le christianisme 기독교, importé d'Occident au xxe siècle, compte plus d'adeptes que le bouddhisme 불교, la religion « historique ». Les croix des nombreuses églises protestantes coréennes sont illuminées par des néons, ce qui crée un paysage urbain nocturne étonnant pour les étrangers qui n'y sont pas habitués. Les temples bouddhistes et les cathédrales ne sont pas particulièrement illuminés.

Ces dernières années, l'interaction croissante de la Corée avec les pays étrangers a conduit au développement de la communauté musulmane, mais l'échange avec les pays islamiques remonte à la période Silla, il y a alors un millénaire. Des dizaines de milliers de musulmans vivaient dans le pays. De plus en plus d'étudiants étrangers pratiquent le culte.

Le bouddhisme et le confucianisme

Les religions orientales que sont le bouddhisme et le confucianisme font partie des valeurs fondamentales des sociétés coréenne et est-asiatiques. Le bouddhisme a été la religion prédominante en Corée jusqu'au XVe siècle, avant d'être remplacé par le confucianisme sous la dynastie Joseon. Il s'agit d'une religion dans laquelle les moines entraînent leur spiritualité afin de réaliser le Bouddha qui existe déjà dans leur cœur : tous les êtres sensibles ont le même pouvoir que Bouddha, de sorte qu'avec ce pouvoir infini libéré, chacun est un Bouddha à part entière, il n'y a pas de Bouddha unique en tant que Dieu absolu.

La pièce maîtresse du temple bouddhiste est le *beobdang*, bâtiment qui abrite la statue de Bouddha et qui signifie « lieu de liberté et de vérité ». Elle accueille les cultes, les offrandes et la méditation. À l'extérieur du temple on aperçoit souvent le symbole sacré du *majamun*, svastika. On le retrouve partout dans le monde mais surtout en Inde, où le bouddhisme est né. Attention à ne pas le confondre avec la croix gammée nazie !

Le confucianisme 유교, touche avant tout à l'éthique sociale et aux arrangements coutumiers entre les personnes ou les groupes, c'est-à-dire les rituels et les normes. Les principales caractéristiques de la culture coréenne, comme le respect des aînés, la hiérarchie, le culte des ancêtres, le patriarcat et l'importance des cérémonies, sont des héritages de l'école confucianiste. C'est pourquoi certaines personnes ne considèrent pas le confucianisme comme une religion, mais comme une morale, sans concept de vie éternelle après la mort.

La Corée est un pays très ouvert sur le plan religieux. Il arrive même que les membres d'une secte vous abordent dans la rue – souvent avec beaucoup de gentillesse ! – alors soyez prudent, surtout si vous êtes étranger.

Les anciennes familles aristocratiques de la province du Gyeongsang-do, où les traditions confucéennes sont encore vivantes, organisent des cérémonies en tenue traditionnelle.

LA CROYANCE CHAMANIQUE 무속

Les Coréens vivent dans une société extrêmement compétitive et jouissent de technologies de pointe. Mais lorsqu'ils ont besoin d'un antidote à la pression de la société moderne, ils reviennent au culte de la nature. En effet, au centre de la psyché coréenne se trouve une religion populaire qui incarne l'esprit des premières religions, du chamanisme et de l'animisme, connue sous le nom de *mugyo* ou *musok*. Il n'est donc pas surprenant que les adeptes du christianisme, du bouddhisme ou d'autres religions adoptent des rituels chamaniques. La vision du *mugyo* entretient une relation poétique et mystique avec la nature : on croit que des divinités habitent les vieux arbres, les pierres et les lieux, et que les honorer apportera des bénédictions.

Le *geumjul*, cordon de fortune

Le *geumjul* sert à éloigner les mauvais esprits. C'est un cordon auquel sont suspendus des piments rouges, des aiguilles de pin, du charbon de bois, etc. que l'on suspend à l'entrée de la maison à la naissance d'un bébé. Il permettrait de se protéger contre les germes en éloignant les étrangers auxquels on signale la présence d'un nouveau-né.

Le *gosa* - 고사

C'est un rite d'offrande destiné aux esprits d'un lieu ou d'un espace nouvellement créé, comme une maison, une usine ou un véhicule, pour bénéficier de leur bienveillance.

Tout comme on arrose de vin un navire pour son voyage inaugural en Occident, on offre un *gosa* à une nouvelle voiture en Corée. Autrefois, de nombreux mets étaient préparés, en particulier de la tête de porc. De nos jours, avoir une image numérique et arroser les roues avec de l'alcool suffit !

무당

Le *gut*

Le *gut* est une forme d'art théâtral ancré dans les croyances folkloriques. Il se compose de lectures chamaniques, de chants, de danses et d'une musique entraînante. À l'origine, c'était un rituel organisé par la communauté villageoise pour conjurer les mauvais esprits et prier pour de bonnes récoltes, mais aussi une thérapie spirituelle en cas d'événement malheureux. Les chamans sont donc des professionnels qui offrent consolation et guérison psychologique. Certains sont renommés à l'international et reconnus par l'UNESCO en tant que patrimoine culturel – attention aux nombreux charlatans ! Ils doivent suivre une formation éprouvante, tant sur le plan physique et mental que sur le plan académique. Bien que le *gut* ait été créé à des fins chamaniques, c'est un héritage qui pourrait être à l'origine de la sensibilité coréenne, car les Coréens ont toujours aimé se réunir, boire et danser.

벅수와 솟대

Bucksu et sotdae

En parcourant la campagne, vous rencontrerez peut-être des *bucksu* et des *sotdae* à l'entrée des villages. Ils sont les gardiens du village. On croyait que les oiseaux servaient de lien entre le ciel et la terre et qu'ils portaient les vœux vers le ciel.

LES ARTS MARTIAUX
무예

Dans plusieurs pays d'Asie, la santé est une question philosophique et est aussi importante que l'esprit. Le mot *muye*, qui signifie « arts martiaux », renvoie à une sorte de méditation à travers laquelle les compétences physiques vont au-delà de la technique et deviennent un art esthétique. Outre l'entraînement physique, les disciples apprennent également les bonnes manières, le respect et à avoir une attitude positive à l'égard de la vie.

Le taekgyeon 택견

Plus ancien art martial de Corée, le taekgyeon se caractérise par son rythme proche de la danse.

Les pratiquants compétents utilisent des mouvements fluides et courbes plutôt que des attitudes droites, mais ils peuvent aussi faire preuve d'une grande force. Le *taekgyeon* se concentre sur la défense plutôt que sur l'attaque et utilise davantage les techniques de pieds que de mains. Si l'on est compétent, on peut rapidement maîtriser un adversaire, mais un véritable maître parviendra à le faire reculer sans le blesser.

Le tir à l'arc coréen, *gukgung* -국궁

Jeunes et anciens, nobles et roturiers, hommes et femmes… Tout le monde a déjà fait du tir à l'arc, qui a longtemps été un véritable sport national ! Il est moins pratiqué qu'autrefois, mais beaucoup de Coréens s'y intéressent encore, et l'équipe nationale est toujours l'une des plus performantes dans les compétitions internationales !

L'arc traditionnel coréen est plus petit et plus souple que l'arc occidental, ce qui explique pourquoi il était particulièrement approprié à l'époque où les guerres se menaient à cheval. Cela permet aussi à un plus grand nombre de l'utiliser facilement. Une autre différence est la position pour tirer : alors que l'archer occidental est presque de profil par rapport à la cible, l'archer coréen est face à elle. La portée est aussi beaucoup plus grande.

Le tir à l'arc est un sport mental qui requiert un haut niveau de concentration plutôt que de la force.

Le taekwondo - 태권도

Il n'est pas exagéré de dire que tous les Coréens savent en faire. Presque tous les petits garçons fréquentent une école de taekwondo, et cette discipline est obligatoire pour les hommes dans l'armée.

Le taekwondo est un art martial traditionnel qui a vu le jour au XXe siècle. Il implique l'utilisation des mains et des pieds pour attaquer ou se défendre sans utiliser d'armes. Il se caractérise par des coups de pied et des sauts rapides. Le *dollyeo-chagi*, un coup de pied retourné, est le jeu de jambes caractéristique.

La technique emblématique de ce sport consiste à briser des objets durs tels que des planches de bois, des tuiles, des briques et du marbre avec une telle force qu'il est difficile de ne pas être impressionné !

La tenue est généralement blanche tandis que la couleur de la ceinture indique le niveau de compétence du pratiquant. Il commence avec une ceinture blanche puis progresse à travers quatre couleurs : jaune, bleue, rouge et noire.

LES JEUX TRADITIONNELS 놀이

Comme dans de nombreuses sociétés, les jeux et les passe-tempssont le reflet de l'époque. Certains existent depuis des milliers d'années,tandis que d'autres sont issus de l'actualité.

Le jeu de go, *baduk* - 바둑

Le *baduk* est le jeu de stratégie par excellence, pratiqué non seulement en Corée mais dans toute l'Asie de l'Est depuis plus de 2 000 ans ! C'est un sport de l'esprit qui se pratique sans distinction entre hommes et femmes, jeunes et anciens. Deux joueurs placent à tour de rôle des pierres noires et blanches, une à une, sur un plateau composé d'une grille de 19 lignes horizontales et 19 lignes verticales et 361 intersections. L'objectif est de créer un maximum de « territoires » avec une pierre entourée de pierres de même couleur.

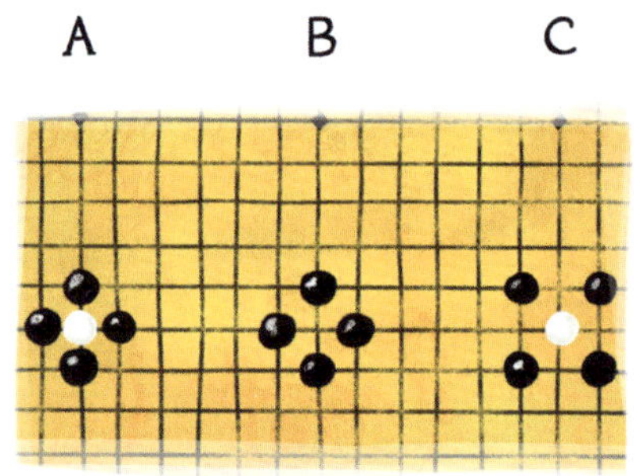

Math ou philo ?

En 2016, lors d'une partie de baduk à Séoul, Lee Sedol, un joueur professionnel, a été battu par AlphaGo, un programme numérique ayant appris l'art du jeu en quelques jours seulement. Ce moment historique a prouvé que la machine n'est pas seulement capable d'effectuer des calculs mathématiques, mais aussi de comprendre comment joue son adversaire et d'élaborer des stratégies. Cela a brisé le mythe selon lequel le baduk est l'un des jeux de stratégie les plus profonds jamais créés par l'homme ! Quoi qu'il en soit, l'essence de ce jeu ne réside pas dans le nombre de points marqués, mais dans la façon dont il est joué, c'est-à-dire une élégance qui exige des manières, des concessions et de la patience.

L'ojingeo nori, jeu de calmar

C'est un jeu ancien : les enfants dessinent par terre la silhouette d'un calmar. Des attaquants et des défenseurs s'opposent, le but étant pour les attaquants d'accéder à la « tête » du calamar. Il a été remis au goût du jour grâce à la série *Squid Game*.

LES JEUX VIDÉO 게임

Les jeux vidéo sont l'un des divertissements les plus populaires. Grâce à l'accès à l'Internet à haut débit et à la diffusion des smartphones, ils sont passés d'une pratique solitaire à une pratique en groupe. Cette évolution a été accélérée par l'arrivée de jeux de stratégie américains comme *StarCraft* en 1998.

L'esport

Le gouvernement coréen a créé l'International Esports Federation pour promouvoir les jeux vidéo dans le cadre de l'industrie des technologies de l'information. Avec la diversification des disciplines, les nombreuses compétitions organisées, les cagnottes importantes à remporter et la professionnalisation de joueurs, cette pratique est désormais reconnue comme un sport non seulement en Corée mais aussi à l'échelle internationale.

Les gamers, joueurs professionnels

Depuis le début des années 2000, des joueurs professionnels sont apparus, formant des équipes appelées *gildeu,* provenant du mot « guilde », et organisant des tournois sponsorisés par des entreprises. Chez les jeunes spectateurs, ce sont de véritables tournois dignes de la Coupe du monde de football !

PC bangs

La naissance des PC bangs, à la fin des années 90, a été le principal facteur de l'essor de l'esport en Corée du Sud. Ces espaces proches des cybercafés permettaient de jouer à des jeux vidéo seul, en binôme ou en groupe.

피씨방

LES ARTS DU SPECTACLE TRADITIONNELS 전통공연예술

Les arts du spectacle traditionnels coréens ont été créés par des roturiers avant d'être développés par l'aristocratie. Il s'agit essentiellement de représentations théâtrales sans plateau surélevé, qui encouragent la spontanéité et l'improvisation en établissant un lien direct avec le public au même niveau.

Le *pansori* - 판소리, la soul coréenne

Le chant traditionnel *pansori,* littéralement *pan,* « lieu de rassemblement », et *sori*, le « chant », est une forme de théâtre musical représentée par un *gosu,* un percussionniste, et un chanteur, homme ou femme, qui interprète des récits classiques mêlant l'humour populaire et le langage littéraire de la noblesse. Son origine remonte aux danses et aux chants des chamans ou des saltimbanques.

La façon dont le chanteur utilise sa voix est unique : on ne recherche pas un son pur mais une voix que l'on qualifie de *gomsageun,* c'est-à-dire de « fermentée » ou « mûre », avec des timbres suaves, saturés, rugueux ou râpeux, qui exprime une grande intensité et une émotion similaires à celles de la musique soul.

Une danse exécutée avec des masques fabriqués à partir d'ustensiles de cuisine qui personnifient les quatre saisons.

« *Heoï !* »

L'aspect le plus caractéristique des arts du spectacle traditionnels coréens est leur dimension participative. La frontière entre la scène et le public est fluctuante. L'immersion et la contagion émotionnelle invitent naturellement les spectateurs à participer. Leurs exclamations, appelées *chuimsae*, comme « *Oelssu !* », « *Heoï!* » ou « *Jotta !* » et que l'on peut comparer au « *Olé!* » espagnol, expriment leur joie et leur approbation. Elles donnent de l'élan et du rythme à la performance de l'artiste et encouragent l'improvisation.

La danse masquée, *talchum* - 탈춤

C'est une danse traditionnelle durant laquelle les danseurs portent des masques caricaturés : l'œuvre peut avoir une portée satirique, comme la corruption des nobles et des moines, ou bien s'inscrire dans une pratique chamanique. Par exemple, elle peut être une façon de prier pour une bonne récolte dans une société agraire.

Danse masquée de Bongsan.

Miyal halmi
Vieille femme.

Doryeong
Noble.

Nojang
Vieux moine.

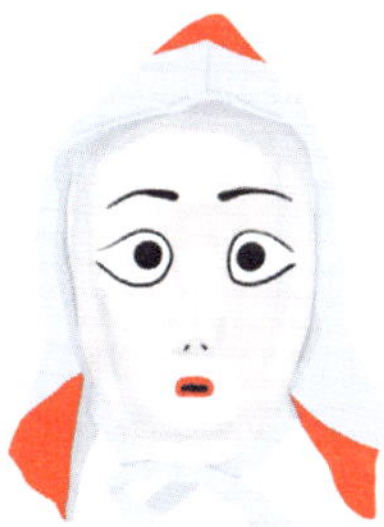

Sangjwua
Nonne.

Maltugi
Esclave, qui se moque de l'incompétence et de la corruption des nobles.

L'humour 해학

L'humour est un élément clef de l'art dramatique coréen, qui apporte apaisement, réconfort et soutien. Les feuilletons de K-drama (voir p. 188) sont une extension de ces spectacles traditionnels, comme en témoigne leur impact sur la société coréenne.

CHANTONS, DANSONS ! 가무

Les Coréens ont la réputation de beaucoup travailler. C'est vrai, mais ce qui l'est encore plus, c'est qu'ils adorent danser et chanter. L'exaltation et la joie sont dans leur ADN ! De nombreux textes anciens rapportent le goût de la population pour les danses et les chants de groupe, que ce soit des hommes, des femmes, des nobles, des roturiers, des jeunes ou des anciens, le jour ou la nuit !

Danses, spectacles de rue et réseaux sociaux

Depuis les années 90, la musique de K-pop est devenue le principal genre de danse populaire. De nombreux jeunes s'entraînent dur pour devenir des idols, nom donné aux stars de K-pop. Des artistes inconnus peuvent montrer leurs talents en se produisant dans la rue et avoir un large public grâce aux réseaux sociaux.

Les Coréens sont amateurs de breakdance, dont la vivacité et la part données à l'improvisation correspondent à la spontanéité qu'ils recherchent.

Les *troteu* - 트로트, underground de K-pop

Bien loin de la musique des *idols*, les *troteu* sont des chansons mi-modernes mi-traditionnelles qui s'adressent à la sensibilité des générations plus âgées. La voix peut être vibrante et remplie d'émotions, tandis que la musique peut être dansante et désuète d'un certain point de vue. Récemment, le *troteu* a connu un regain d'intérêt chez les jeunes !

En Corée, on peut facilement entendre des chansons dansantes dans la rue. Les jeunes dansent dans les rues des villes, tandis que dans les campagnes il n'est pas rare de voir des personnes âgées se lancer dans une danse impromptue lorsqu'elles entendent un *troteu* au marché ou au travail.

Pour le karaoké, les *noraebang* - 노래방

La réelle panacée des Coréens n'est pas le ginseng, mais les *noraebang*, ces espaces de location temporaires pour le divertissement, équipés de matériel de karaoké ! Ils disposent d'éclairages spéciaux, comme de vraies salles de spectacle. Il est également possible d'y commander des boissons et des en-cas.

Avec cette activité, les gens évacuent le stress de la journée et se préparent pour la suivante. Dans les entreprises, c'est l'une des façons les plus populaires d'accueillir les nouveaux employés, car elle permet de faire connaissance et de s'amuser en même temps.

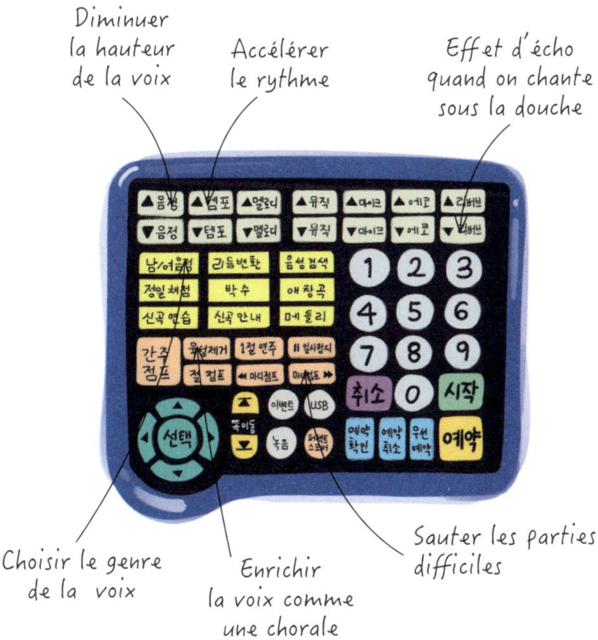

Pour l'ambiance, des jeux de lumière, des instruments et des accessoires sont mis à disposition, comme des tambourins et des perruques.

Une soirée au noraebang

Sur un écran, vous choisissez la musique de votre choix : la musique se lance et les paroles défilent. Vous chantez à tour de rôle dans le micro. Ensuite, une machine note les chansons et classe les « meilleurs » chanteurs. La télécommande de la machine qui joue la musique comporte un certain nombre de boutons que vous pouvez ajuster au bon niveau et régler pour obtenir un meilleur score. Mais l'objectif est de chanter à tue-tête et de se détendre, d'autant que les scores ne reflètent pas nécessairement les réels talents des participants : on raconte même qu'un chanteur professionnel avait choisi sa propre chanson au noraebang et avait obtenu un très mauvais score !

La K-pop - 케이팝

La Corée du Sud a été l'un des premiers pays à s'équiper de l'Internet rapide, ouvrant ainsi la voie à la mondialisation de la culture populaire numérisée. La culture coréenne a commencé à se répandre à l'étranger à la fin des années 1990, un phénomène connu sous le nom de *Hallyu*, ou « vague coréenne ». La K-pop est une abréviation de « pop coréenne » qui englobait l'ensemble de la pop culture, mais elle renvoie désormais spécifiquement à la musique.

Les *idols* - 아이돌, stars de K-pop

Les chanteurs de K-pop sont censés avoir les qualités d'une « idole » parfaite à tous points de vue : un beau physique, une personnalité aimable et un grand talent pour la danse. Ils se produisent généralement dans des groupes de garçons et des groupes de filles, et sont populaires auprès des jeunes. Leur style musical est influencé par de nombreux genres tels que le rap, le hip-hop ou le R'n'B. Shinee, Girls' Generation, Exo, Twice, Blackpink et bien sûr BTS sont parmi les plus célèbres. Une nouvelle génération de K-pop est centrée sur des groupes féminins tels que NewJeans, Aespa et Le Sserafim.

BTS : « gilet pare-balle » pour défendre les jeunes !

Bang-Tan-Sogneondan, le nom complet du boys band BTS, signifie littéralement « boy scouts de gilets pare-balle ». C'est le premier groupe coréen à avoir remporté un prix aux Billboard Music Awards, ainsi qu'à de nombreuses autres cérémonies internationales. Les paroles de ses chansons abordent les préoccupations des jeunes d'aujourd'hui. En plus d'être des artistes confirmés, ses sept membres sont aussi des messagers d'espoir invités à prononcer des discours à l'ONU.

Gangnam Style - 강남스타일 et le succès sur Youtube

La chanson *Gangnam Style* de l'artiste Psy a été un succès planétaire, qui a attiré l'attention du monde entier sur la musique pop coréenne et a ainsi accéléré le développement mondial de la K-pop, alors populaire seulement en Asie. En 2012, ce clip a été le plus regardé sur YouTube ! Le record actuel du nombre de vues sur la plateforme est détenu par *Baby Shark*, chanson éducative coréenne destinée aux enfants.

생일카페

(cafés d'anniversaire)

Fandom

Les *idols* qui ont évolué avec les réseaux sociaux sont beaucoup plus proches de leurs fans que les autres célébrités. Leur popularité repose sur cette interactivité et cette communication directe.

Pour les jeunes d'aujourd'hui, qui adorent l'événement, le doigt en forme de cœur des *idols* est un signe de reconnaissance pour leur soutien et leur amour.

Ces artistes créent des *characters* à leur effigie et organisent des événements spéciaux pour leurs fans, comme l'ouverture de cafés d'anniversaire.

Des étrangers sélectionnés pour créer des idols de K-pop sans frontières, dans un effort pour faire de la K-pop une forme d'art plutôt qu'un phénomène local et temporaire.

Comment naît une *idol* ?

Contrairement au parcours classique d'un artiste qui se fait connaître avec le temps, par son talent et sa persévérance, les *idols* sont « créées » par une agence de divertissement qui définit quel sera le concept et l'image du groupe avant de chercher les candidats adéquats par le biais d'auditions. L'ensemble du processus de la K-pop, qui suit la découverte des artistes, leur formation et leurs débuts, est un spectacle en soi et un important moyen de promotion. Le ratio des débuts des *idols* atteint 1000:1. Récemment, un lycée spécialisé dans la K-pop a même ouvert.

LE K-DRAMA 드라마

En Corée, le drama est un type de série télévisée. Il est classé comme un drama de lundi-mardi, de mercredi-jeudi ou de week-end selon le jour de diffusion, ou comme un drama du matin ou du soir selon l'heure de la journée. Cette classification détaillée signifie leur présence aussi importante et régulière que les journaux télévisés. À l'époque où il n'y avait pas encore de streaming, on observait une nette diminution de la circulation lors de la diffusion des feuilletons les plus populaires ! Les thèmes les plus populaires sont la romance, la famille et la communauté et, pour les genres, les drames de jeunesse et les mélodrames combinés à du fantastique.

Les histoires d'amour finissent bien en général

Bien entendu, les récits romantiques sont les plus fréquents. L'héroïne et le héros sont plus pudiques que leurs homologues occidentaux et sont confrontés à de nombreux obstacles, le plus fréquent étant la différence de classe sociale. Lorsque le couple s'échange son premier baiser, l'histoire en est déjà à mi-parcours ou dans sa phase finale ! Les personnages sont généralement bienveillants, intelligents et très beaux. S'il existe des « *well-made drama* » plus complexes, il y a profusion de séries « à l'eau de rose » pour les téléspectateurs qui recherchent le prince charmant, Cendrillon, les triangles amoureux et les secrets entourant une naissance !

Le drama, moment cathartique

Pour les Coréens, les personnages de série, qu'ils soient bienveillants ou méchants, sont aussi proches d'eux que leurs propres voisins. Des thèmes tels que l'amour qui transcende les classes sociales, les liens familiaux forts, les succès et les échecs au sein d'une société compétitive suscitent chez eux un sentiment d'empathie et de catharsis. Ces séries sont des miroirs de leur réalité et leurs idéaux.

Drama culinaire

La cuisine est également un thème courant. La popularité de la série *Daejanggeum* - 대장금, *Jewel in the Palace* en anglais, a permis aux Coréens de renouer avec leurs plats traditionnels et aux étrangers de découvrir la cuisine coréenne.

Grâce aux plateformes de vidéo à la demande, les séries coréennes sont facilement accessibles dans les pays étrangers. Parmi les plus populaires, on peut citer The Glory, All of Us Are Dead, Goblin, Descendants of the Sun, Crash Landing on You et My Love from the Star.

LE CINÉMA 영화

Reconnu dans le monde entier grâce aux festivals internationaux et aux plateformes de streaming, le cinéma coréen va au-delà des histoires familiales confortables des séries télévisées : il s'intéresse à des sujets de société, fait des choix plus audacieux, parfois provocants, montre des scènes de violence, d'intimité, plus sensationnelles…

Soft power de la liberté

Bien que le gouvernement coréen finance largement la culture populaire, on observe une véritable liberté de création et d'expression : la critique sociale est une clef du succès pour qu'une œuvre résonne avec le public au-delà de la Corée.

무궁화 꽃이 피었습니다

(un, deux, trois, soleil)

Les webtoon -웹툰

Les webtoon sont une nouvelle forme de bande dessinée en ligne adaptée à l'utilisation des smartphones : ils peuvent être lus en défilement vertical. Leur popularité s'explique par leur nature participative, les lecteurs pouvant apporter des commentaires. De nombreux webtoon ont été transformés en drama et en film.

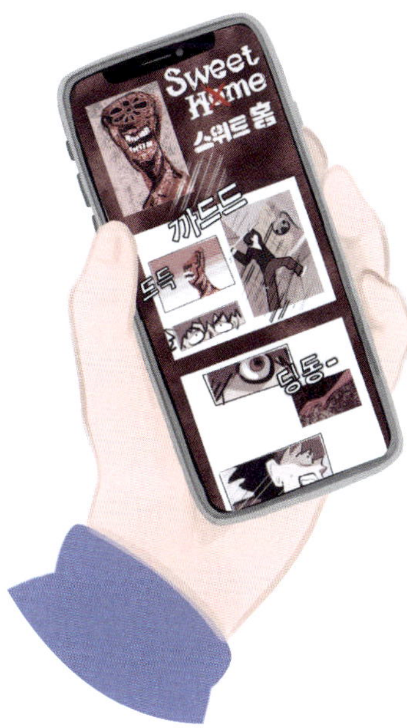

La série populaire Sweet Home est à l'origine un roman.

국경일과 축제

FÊTES ET FESTIVALS

Depuis l'Antiquité, les Coréens aiment vivre en harmonieavec la nature et célèbrent le changement des saisons par des rituels et des rassemblements. Ce sont des repères qui rythment la vie. Si les rituels rappellent et perpétuent la tradition, ils sont aussi l'occasion d'introduire et d'officialiser la nouveauté. Leur thème principal était l'admiration de la nature, mais ils sont aujourd'hui un reflet sensible de l'évolutionde la société coréenne. Les rituels présentés dans ce chapitre vous donneront un aperçu de la vie trépidante du pays.

LES COMMÉMORATIONS 국경일

Les fêtes saisonnières se célèbrent depuis l'Antiquité. À l'époque moderne, l'histoire mouvementée du pays a donné naissance à des fêtes nationales pour commémorer des événements tels que la fondation, l'indépendance et les guerres. Elles ne sont pas de nature religieuse, excepté l'anniversaire de Bouddha et Noël.

Les fêtes et commémorations nationales

Hormis le jour de la Constitution, il s'agit de jours fériés.

- ***Samil-jeol,*** jour du mouvement pour l'indépendance, le 1er mars.
- ***Bucheonim osinnal,*** anniversaire de Bouddha, le 8e jour du 4e mois lunaire.
- **Fête des enfants,** le 5 mai.
- ***Hyeonchungil,*** journée de commémoration des morts pour la patrie, le 6 juin.

Le taegeukgi, drapeau coréen, est hissé devant la maison et au bord de la route aux jours de fêtes nationales : jour du mouvement pour l'indépendance de la Constitution, de la libération, jour de la fondation et du hangeul.

- ***Jeheon-jeol,*** jour de la Constitution, le 17 juillet : on commémore la proclamation de la République de Corée le 17 juillet 1948.
- ***Gwangbok-jeol,*** journée nationale de la libération, victoire sur le Japon, le 15 août.

Le taegeukgi est mis en berne.

- ***Gaecheon-jeol,*** jour de la fondation, le 3 octobre : c'est l'anniversaire de la fondation de Dangunjoseon, la première dynastie coréenne. L'année 2024 AD était ainsi 4357 en année coréenne, par exemple. Selon la légende, après avoir vécu 100 jours dans une tanière, ne mangeant que de l'armoise et de l'ail, une ourse devint une femme, épousa un fils du ciel et donna naissance à Dangun, le fondateur du Dangunjoseon.
- ***Hangeulnal,*** jour du *hangeul*, le 9 octobre : fête de la promulgation du *hangeul* par le roi Sejong le Grand, à travers la publication du livre d'instruction *Hunmin Jeongum* (voir p. 136).
- **Noël,** le 25 décembre.

Légende de Dangun

Les fêtes traditionnelles, 명절

Avec le passage d'une société agraire à une société industrielle, la plupart de ces fêtes liées aux saisons ont perdu de leur importance, à l'exception du Nouvel An lunaire, de la première pleine lune de l'année et de la fête de la pleine lune, en août.

Les dates de fêtes traditionnelles suivent le calendrier lunaire. Les petits chiffres écrits sous le chiffre de la date indique la date lunaire.

- ***Sinjeong* - 신정,** Nouvel An selon le calendrier grégorien, le 1er janvier. C'est un jour férié.
- ***Seollal* - 설날,** Nouvel An lunaire, le 1er jour du 1er mois lunaire. La veille, le jour-même et le lendemain sont fériés.
- ***Daeboreum* - 대보름,** ce jour, est honorée la première pleine lune de l'année. On croque des fruits secs, on mange du riz aux cinq céréales de couleur différente et joue avec le feu. Les flammes rugissantes rappellent la clarté de la pleine lune, symbole d'abondance et de prospérité. On prie pour que la chance soit au rendez-vous.

- ***Hansik* - 한식,** 105e jour à partir du solstice d'hiver, aux alentours du 5 avril. Autrefois, le *hansik* était une journée de transition entre l'extinction des anciens feux et l'allumage des nouveaux. Entre deux feux, il était coutume de manger froid.

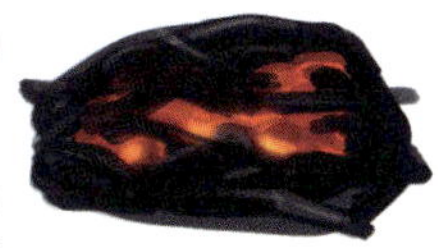

- ***Dano* - 단오,** le 5e jour du 5e mois lunaire. C'est un jour de chance, car le chiffre 5 symbolise la force Yang. Il est célébré par un festival de la société agricole (voir la carte de festivals p. 210).

Se laver les cheveux à l'eau d'iris est l'un des rituels du Dano.

- ***Chilseok* - 칠석, 음력 7월 7일,** le 7e jour du 7e mois lunaire: on célèbre une légende liée à la constellation Aigle, la lyre et la voie lactée. On dit que durant cette période, les pluies sont les larmes de chagrin des amants Gyeonu, un berger, et Jiknyeo, une tisseuse, séparés par la voie lactée. Des corbeaux se seraient rassemblés pour construire un pont afin qu'ils puissent se retrouver et cesser de pleurer.
- ***Chuseok,*** fête de la pleine lune et des moissons, le 15e jour du 8e mois lunaire : la veille, le jour-même et le lendemain sont des jours fériés.
- ***Solstice d'hiver,*** aux alentours du 22 décembre: à cette occasion, on prépare la soupe de haricots rouges, dont la couleur protège des mauvais sorts.

JEOLGI AU FIL DES SAISONS

Avec une philosophie naturaliste, la vie quotidienne des Coréens est rythmée par les rappels des saisons. Le calendrier est divisé en 24 jeolgi. Le *jeolgi* a été créé surtout pour les paysans, d'où son nom et son association avec l'agriculture.

Calendrier luni-solaire

Alors que les fêtes traditionnelles dépendent du calendrier lunaire, les *jeolgi*, fêtes agricoles suivent le calendrier solaire. En effet, la Corée utilise traditionnellement le calendrier luni-solaire : la partie lunaire sert à compter les jours – un mois comprend 29 ou 30 jours –, tandis que la partie solaire permet de suivre les saisons. Elle compte sept 13e mois en 19 ans. Vous obtenez ainsi le calendrier luni-solaire.

Les *jeolgi*, 24 périodes solaires 절기

Pour célébrer le changement de saison, on recommande de cuisiner certains aliments.

Le printemps

- ***Ipchun,*** le 4 février : au début du printemps, on privilégie les jeunes pousses de légumes sauvages.
- ***Usu,*** le 19 février : c'est la fin de la neige, la pluie arrive. Ce jour-là, on mange des fruits secs, des légumes séchés et du riz aux cinq céréales. On boit du *imyeong-ju*, alcool « oreille claire », pour la bonne entente entre les gens. Même les enfants le goûtent.
- ***Gyungchip,*** le 5 mars : les grenouilles sortent de leur hibernation et les femmes préparent des crêpes de fleurs d'azalée.
- ***Chunbun,*** le 20 mars : le jour et la nuit ont la même durée. Dans les familles aisées, des gâteaux sont offerts aux domestiques agriculteurs, car beaucoup de travail les attend.
- ***Cheongmyeong,*** le 4 avril : il fait beau. On boit de l'alcool aux azalées, accompagné du ragoût de poisson à l'armoise.

- ***Goku,*** le 20 avril : la pluie tombe fréquemment. C'est le moment de tremper de graines de riz à semer.

L'été

- ***Ipha,*** le 5 mai : c'est le début de l'été. Le parfum des fleurs sauvages s'intensifie. Le gâteau à l'armoise est de saison.
- ***Soman,*** le 21 mai : le soleil et les produits frais sont au rendez-vous. On déguste des poissons d'eau douce aux feuilles de chrysanthème. La laitue et les épinards sont recommandés.
- ***Mangjong,*** le 5 juin : on récolte l'orge et on plante le riz. Les soupes sucrées rafraîchissantes aux prunes grillées et les infusions de baies d'omija sont de mise.

- ***Haji,*** le 21 juin : c'est le jour le plus long de l'année. La coutume veut qu'on recouvre une pomme de terre de riz et qu'on la mange en l'extrayant petit à petit du riz. L'acte d'extraction symbolise la récolte de ce légume.
- ***Soseo,*** le 7 juillet : c'est le moment de récolter le blé. Les nouilles de blé aux légumes et les plats à base d'orge sont privilégiés.
- ***Daeseo,*** le 22 juillet : c'est la période la plus chaude de l'année. Fruits d'été, courgettes, crêpes de farine de blé et boissons de riz fermenté sont les mets de saison.

L'automne

- ***Ipchu,*** le 7 août : on plante des radis et des choux chinois pour le kimchi d'hiver.
- ***Cheoseo,*** le 23 août : la chaleur s'estompe. On cuisine la racine de codonopsis et les gelées de glands, de sarrasin et de haricots mungo.
- ***Baekro,*** le 7 septembre : c'est le temps des gelées blanches. Les raisins et les concombres sont les deux principaux végétaux de cette période.

- ***Chubun,*** le 23 septembre : c'est l'équinoxe d'automne. Des légumes sont mis à sécher pour être mangés plus tard.

- ***Hanro,*** le 8 octobre : la rosée froide tombe, les chrysanthèmes sont beaux. Les soupes de loche, un poisson d'eau douce, et les fritures d'algues ou de légumes secs sont très consommés.

- ***Sanggang***, le 23 octobre : c'est la saison des gelées. On savoure une galette au chrysanthème qui se mange avec une boisson alcoolisée au chrysanthème. Poires, yujas, grenades, pignons de pin, kakis sont les mets de saison.

L'hiver

- ***Ipdong***, le 7 novembre : l'hiver débute. C'est le moment de préparer le kimchi d'hiver.
- ***Soseol***, le 22 novembre : la première neige tombe. Les fanes de radis sont mises à sécher.
- ***Daeseol***, le 7 décembre : c'est une période de fortes chutes de neige. Il est temps de fabriquer le *meju*, une pâte de soja fermenté.

- ***Dongji***, le 22 décembre : c'est le solstice, jour où la nuit est la plus longue de l'année.
- ***Sohan***, le 5 janvier : le froid gagne. On recommande la cannelle, le gingembre, le ginseng, le jujube et l'ail pour réchauffer le corps.

- ***Daehan***, le 20 janvier : durant ce dernier *jeolgi* de l'année, on range la maison et on dispose des graines de soja un peu partout pour chasser les mauvais esprits.

LE NOUVEL AN LUNAIRE, SEOLLAL 설날

Le Nouvel An coréen a lieu le 1er jour du 1er mois lunaire. Tout le monde revêt des vêtements neufs et procède à une cérémonie d'offrande appelée *charye* - 차례, suivie d'une *saebae*, prosternation du Nouvel An, adressée à ses aînés. Après avoir pris le petit déjeuner composé des plats servis à l'offrande, on se rend chez ses parents, ses voisins et ses supérieurs hiérarchiques pour les saluer. Si les personnes que vous devez voir habitent loin, la politesse veut quevous leur rendiez visite avant le 15 janvier.

Saebae, prosternation aux aînés

Lorsqu'on présente le *saebae* à une personne âgée, on prononce un vœu tel que « Soyez en bonne santé cette année ! » ou « Bonne année ». Elle prononce également un vœu en retour.

Les hommes s'inclinent, en joignant les mains de façon à ce que la main gauche soit au-dessus de la droite, les lèvent à la hauteur d'yeux. Ils baissent les mains et la tête jusqu'à ce qu'elle touche presque le sol. C'est un peu différent pour les femmes : leur main droite est sur le dessus, et elles ne baissent les mains et la tête qu'au niveau de la poitrine lorsqu'elles sont assises. Lorsqu'on se relève, on incline légèrement la tête.

Après le *saebae*, la coutume veut que les adultes reçoivent de l'alcool et de la nourriture, et les enfants de l'argent de poche.

Saebetdon, l'argent de poche pour les enfants

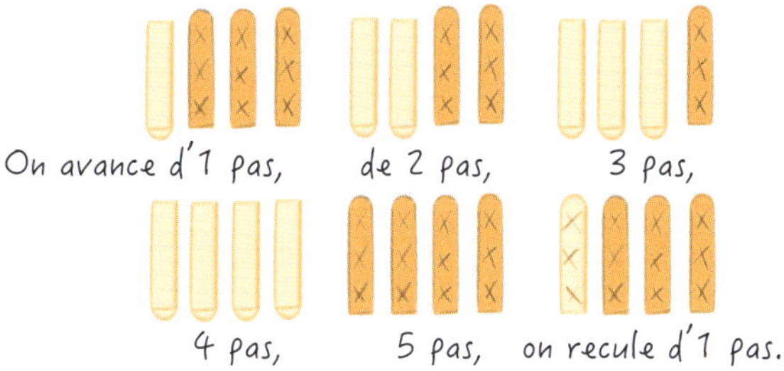

Le *yutnori* - 윷놀이

C'est un jeu traditionnel qui se joue lors du Nouvel An. Les joueurs s'affrontent en lançant quatre barres en bois et en avançant leurs « chevaux » en fonction des résultats. Chaque camp place quatre chevaux de chaque côté du plan. Le gagnant est le premier à atteindre la ligne d'arrivée avec ses quatre chevaux.

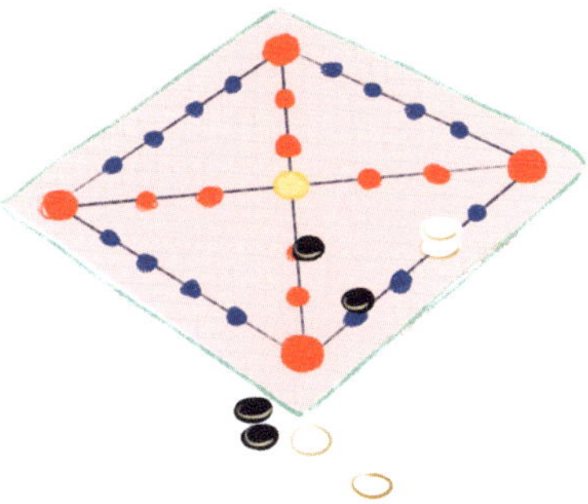

떡국

Soupe de pâtes de riz, raviolis, kimchi aqueux.

Cette soupe est un incontournable du Nouvel An. Sa couleur blanche symbolise le nouveau départ.

BIENVENUE AU PRINTEMPS

Au printemps, lorsque le temps se réchauffe, l'attrait de la nature est irrésistible. De nombreux événements de plein air sont organisés et promus par les institutions publiques, permettant ainsi aux citadins de profiter des espaces verts.

Cueillettes de *bom-namul*

Comme vu précédemment (p. 96), le printemps est la période idéale pour cueillir les plantes sauvages comestibles qui poussent dans les montagnes et les champs. Ces jeunes pousses, appelées *bom-namul*, apportent les vitamines qui manquent en hiver. C'est l'occasion de sortir et se dégourdir le corps après les mois d'hiver. Les autorités locales organisent des cueillettes à la fois pour attirer les touristes et empêcher la cueillette illégale.

배꽃

Fleurs de poire (blanches) : 배꽃

쑥

Armoise : 쑥

고사리

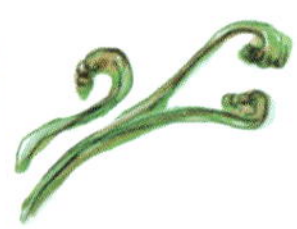

Pousse de fougère : 고사리

참나물

Pimpinella brachycarpa : 참나물

두릅

Pousse d'aralie coréenne : 두릅

유채꽃

Fleurs de colza (jaunes) : 유채꽃

곰취

Ligulaire : 곰취

냉이

Bourse-à-pasteur : 냉이

달래

Ciboulette sauvage de Corée : 달래

Cerisiers près de la Tour de Seoul. Idéal pour prendre des photos pour les réseaux sociaux !

Fêtes de fleurs printanières, 봄꽃맞이

Des festivals de fleurs de printemps sont organisés dans tout le pays, en commençant par le sud. Les fleurs de cerisier, d'azalée, de cornouiller, d'abricotier et de colza sont les plus courantes. Les familles se rendent alors souvent dans les parcs et en pleine nature. Les couples apprécient particulièrement cette atmosphère romantique. C'est aussi l'occasion d'assister à un concert en plein air et d'acheter des produits locaux. Les dates de festivals, qui varient d'une province à l'autre, sont annoncées par le Korea Forest Service.

L'ANNIVERSAIRE DE BOUDDHA

Bucheonim osinnal - 부처님 오신날 célèbre la naissance de Bouddha : cette fête a lieu le 8e jour du 4e mois lunaire. Elle est célébrée en Corée, mais aussi dans d'autres pays d'Asie. Des manifestations sont organisées pour la commémoration, comme la fête des lanternes.

La fête des lanternes, 연등회 *Yeondeunghoe*

Il s'agit d'une ancienne tradition coréenne qui perdure depuis près de 1 200 ans et fait partie des biens culturels immatériels nationaux et du patrimoine culturel immatériel de l'UNESCO. À cette occasion, des lanternes en papier en forme de lotus ornent tous les temples et les rues pendant un mois. De nombreux temples offrent des repas gratuits et du thé aux visiteurs. À l'origine, il s'agissait d'un rituel religieux. Aujourd'hui, c'est un festival de printemps populaire auquel tout le monde peut participer. Il ne s'agit pas d'un événement organisé par des institutions, mais plutôt spontané : les gens se rassemblent dans les rues avec des lanternes qu'ils font eux-mêmes et forment parfois de grands défilés.

Le *tapdori* - 탑돌이

C'est un jeu populaire qui trouve son origine dans la culture bouddhiste. Le jour de l'anniversaire de Bouddha, après un culte de bénédiction dans un temple, les gens tournent autour d'une pagode pour prier pour la paix. Autrefois, le rite durait toute la nuit, mais aujourd'hui, il se déroule après le coucher du soleil, et dure une ou deux heures. Les personnes s'éclairent avec les lanternes.

L'origine de la fête des lanternes

Allumer une lanterne est un acte considéré comme similaire à l'illumination spirituelle. Une légende indienne raconte aussi qu'une pauvre femme, Nanta, n'avait rien à offrir au Bouddha, excepté une lanterne et un peu d'huile. À la nuit tombée, les autres feux ont manqué d'huile, alors que le feu de Nanta est devenu de plus en plus grand au fil du temps.

Phénix

Autrefois, les formes des lanternes étaient beaucoup plus variées : pastèque, tortue, canard, grue, bateau, lotus, carpe, jarre, pavillon, carrosse, ail, cloche... Il s'agissait de symboles de longévité, de richesse et de fertilité. De nos jours, les lanternes prennent la forme de personnages célèbres pour plaire aux enfants.

Dragon

Carpe

LA FÊTE DE LA PLEINE LUNE 추석

Chuseok, la fête de la pleine lune, a lieu le 15e jour du 8e mois lunaire de chaque année : c'est la plus grande fête du peuple coréen, qui célèbre une récolte abondante. À ce moment-là, la plupart des céréales et des fruits ne sont pas encore mûrs. Avant la récolte, lorsque la majeure partie de la saison agricole est terminée, on prélève un peu de riz pour le culte des ancêtres et on prie pour une bonne récolte à la pleine lune. Le plus dur labeur est terminé, c'est le moment de se reposer et s'amuser en attendant la grande récolte.

Ganggang sullae - 강강술래, la danse des femmes

Le *ganggang sullae* est un rituel traditionnel qui combine chant, danse et jeu. Il est exécuté par des femmes le soir de la pleine lune. Elles se tiennent par la main, forment un cercle et tournent vers la droite en chantant. Une femme à la voix forte chante le premier morceau, et le reste du groupe répond en disant « *ganggang sullae* ». Le rythme est lent au début, puis de plus en plus rapide. Le rituel dure en fonction de la capacité de la meneuse. Un sentiment d'unité se crée entre les participantes, elles peuvent s'exprimer librement : les chansons traitent de la séduction, de la peine, du dialogue avec la lune, de la satire, de la piété filiale, de la reconnaissance…

Les délices de Chuseok formant le ciel, la terre et l'homme : le songpyeon, une farce sucrée enroulée autour d'un disque de pâte de riz symbolisant la lune, la soupe de racine de taro pour la terre, d'épis de riz nouveau, l'humain debout entre le ciel et la terre.

송편 만들기

(confection de songpyeon)

Le *songpyeon* est un gâteau de riz, fourré au soja vert, de graines de sésame sucrées, de marrons ou de haricots mungo, cuit sur un lit d'aiguilles de pin dans un panier à vapeur. Lorsqu'on le mange, on s'imagine une magnifique scène d'automne avec la pleine lune se levant derrière une pinède.

성묘

seongmyo

Chuseok et le Nouvel An lunaire étant célébré durant trois jours fériés, les Coréens en profitent pour retrouver leur famille. Ils pratiquent aussi le *seongmyo* : cette tradition consiste à se rendre sur les tombes de ses ancêtres, les nettoyer et accomplir des rituels. Autrefois, les défunts étaient enterrés, mais maintenant que l'incinération représente 90 % des funérailles, le *seongmyo* se pratique au columbarium.

LES ANNIVERSAIRES 생일

Dans les cultures confucéennes, où l'accent n'est pas mis sur l'individu, il n'était pas approprié de fêter son anniversaire en grande pompe. Aujourd'hui encore, même si les cadeaux sont importants pour les jeunes et les amoureux, les familles ont plutôt l'habitude de simplement partager un bon repas.

Les repas d'anniversaire

Des plats tels que la soupe aux algues et les nouilles longues, symboles de longévité, sont généralement cuisinés pour les anniversaires. Autrefois, on servait de la soupe aux algues aux mères après l'accouchement pour leur redonner de l'énergie. Elle est devenue le symbole de la naissance. Il est aussi courant de préparer un gâteau « à l'occidental » avec des bougies pour indiquer l'âge.

Le dolsang, table pour l'anniversaire d'1 an, est disposée devant le bébé et on devine son avenir selon l'objet qu'il attrape.

Compter l'âge à la coréenne

En Corée, il y a deux façons d'indiquer son âge :

- **Le *seneun nai* -** 세는나이, qui est l'âge compté : dès la naissance, un enfant a 1 an et s'y ajoutent les années qui s'écoulent. Un enfant né le 30 novembre 2024 aura donc 2 ans le 1er janvier 2025, car il aura vécu sur deux années.
- **Le *man nai* -** 만나이**,** qui est l'âge « rempli » : il se compte à partir du jour de la naissance. Le même enfant aura donc 1 an le 30 novembre 2025.

LES FUNÉRAILLES 장례

Les rites funéraires sont l'un des domaines de la tradition confucéenne qui a le plus évolué au fur et à mesure que la Corée s'est industrialisée. Autrefois, les funérailles pouvaient durer des mois, voire trois ans. Aujourd'hui, elles se déroulent généralement sur trois jours. Le premier jour, le corps est emmené à la morgue, et on met en place la veillée funèbre. Le deuxième jour est consacré à la mise en cercueil. Le dernier jour, on assiste à la cérémonie finale et à l'enterrement ou la crémation.

Le *sangbok* - 상복

Il s'agit du vêtement porté par la famille endeuillée lors des funérailles. Traditionnellement, les hommes portaient un *hanbok*, vêtement traditionnel, et un bonnet en toile de chanvre, mais de nos jours, ils ont plutôt un costume noir avec des brassards en chanvre. Les femmes portent un *hanbok* blanc et un ruban blanc dans les cheveux, ou bien un costume et un *hanbok* noirs.

La sépulture

De nos jours, en raison du coût et du manque d'espace, la plupart des gens choisissent l'incinération. La dépouille incinérée est placée dans un columbarium ou un arboretum, où les cendres sont enterrées sous un arbre.

Repas funéraire

Comme vu précédemment (p. 107), pendant les obsèques, un repas funéraire est offert aux invités. La soupe de bœuf pimenté est le plat le plus souvent servi. De nos jours, du thé ou des petits cadeaux de remerciement la remplacent.

LE MARIAGE 결혼

Les mariages coréens sont généralement de style occidental. Les mariés entrent dans la salle de cérémonie en costume et en robe, écoutent le célébrant ou les parents prononcer un discours, et saluent les invités. Après la cérémonie, les mariés portent des vêtements traditionnels et saluent leur belle-famillelors d'une cérémonie traditionnelle appelée *pebaek*.

Les lieux de cérémonie

Le lieu de mariage le plus courant est le *yésikjang* - 예식장, un espace géré par une société spécialisée dans les mariages, qui se compose de salles de cérémonie, de préparation des mariés, de *pebaek* et de restaurants. Une autre option est d'organiser la cérémonie dans un hôtel de luxe, mais c'est plus onéreux.
De nombreux couples font appel aux services d'un organisateur de mariage. Ces dernières années, le « *self wedding* » a aussi fait son apparition : les mariés préfèrent une cérémonie simplifiée et l'organisent eux-mêmes, ce qui leur permet de tenir compte de leur personnalité et d'économiser de l'argent.

Le *bujogeum* - 부조금, la contribution mutualiste

Lorsque les Coréens sont invités à un mariage, ils n'offrent pas de cadeaux mais participent en *bujogeum* : ils remettent une certaine somme d'argent et une carte de félicitations signée dans une enveloppe. C'est une très ancienne coutume mutualiste volontaire, qui consiste à partager les frais d'un événement important, tel que le mariage ou des funérailles.

Le déroulement d'un mariage

Lorsque les invités arrivent sur place, ils remettent l'enveloppe de *bujogeum* à l'entrée et reçoivent un ticket d'entrée à la réception. Après la cérémonie, les mariés prennent des photos avec leurs proches, puis tout le monde se rend au restaurant pour la réception. Pendant le repas, le couple revêt le *hanbok* traditionnel et va saluer les invités. C'est la fin de la cérémonie à l'occidentale. Le *pebaek*, une cérémonie traditionnelle, peut avoir lieu après, mais elle n'est plus obligatoire.

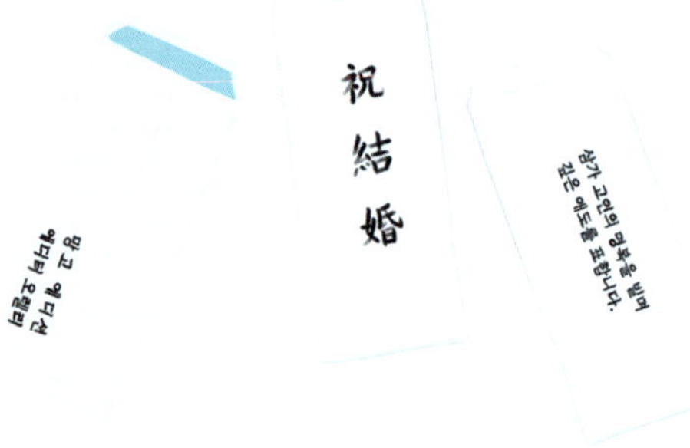

Le *pebaek* - 폐백, la cérémonie traditionnelle

Comme vu précédemment (p. 105), le *pebaek* est une cérémonie d'accueil des parents et des proches, qui implique le partage de boissons alcoolisées en l'honneur de la promesse de descendance et des souhaits de bénédiction. La nourriture servie lors de la cérémonie, appelée *ibaji*, est offerte par la famille de la mariée. La décoration des vêtements, des accessoires et des cadeaux est très colorée et correspond aux croyances des cinq couleurs cosmiques, le bleu et le rouge étant les couleurs les plus couramment utilisées comme symboles de l'homme et de la femme.

Traditionnellement, les cadeaux offerts par la famille des mariés l'une à l'autre sont enveloppés dans un carré de soie appelé *bojagi* - 보자기, ce qui signifie « tissu porteur du bonheur ».

LA PRÉPARATION DU KIMCHI D'HIVER 김장

La préparation du *kimjang* est un rituel collectif annuel qui renforce les liens sociaux et a été inscrite au patrimoine mondial de l'UNESCO. Il désigne le kimchi préparé en très grandes quantités avant l'arrivée de l'hiver. Autrefois conservés dans des jarres enterrés qui permettaient de maintenir une température constante entre 0 et 1 °C, ces légumes fermentés sont riches en nutriments et délicieux. De nos jours, les caves à kimchi électriques ont remplacé les jarres.

La période du *kimjang* se situe entre fin octobre et mi-novembre dans les régions centrales et entre mi-novembre et début décembre dans les régions méridionales plus chaudes. La famille, les voisins et les proches se réunissent pour participer à la préparation du kimchi. Chaque famille est aidée puis aide à son tour.

Durant la préparation, il est fréquent de voir une personne mettre une boule de feuilles de chou directement dans la bouche grande ouverte de quelqu'un d'autre. On procède ainsi, car l'assaisonnement rouge peut tacher le visage ! Faire goûter permet de s'assurer que le kimchi est bon, mais c'est aussi une façon de rappeler la nature de partage du *kimjang*.

Le partage du *kimjang* à grande échelle

Fidèle à la tradition du partage du kimchi, des événements de grande envergure sont organisés à chaque saison du *kimjang* avec la participation des communautés locales, des groupes de bénévoles, des travailleurs étrangers, des personnes handicapées, des jeunes, des personnes âgées et des transfuges nord-coréens. Ce kimchi est ensuite donné aux moins fortunés de la société.

La fabrication de grandes quantités de légumes est physiquement exigeante. Pour remercier ceux qui ont aidé et pour faire le plein d'énergie, de généreuses portions de viande sont préparées. La saveur épicée du kimchi fraîchement mariné se marie parfaitement avec le porc gras, et la sauce aux crevettes qui l'accompagne amplifie l'umami. Dégustez un verre de *soju*, et le dur labeur se transforme en fête !

Le kimchi contient beaucoup de piments, d'ail et de gingembre. Bien que ces aliments soient bons pour la santé, ils peuvent irriter la peau si on les touche longtemps. C'est pourquoi des gants de qualité alimentaire sont indispensables. (Imaginez que les anciens préparaient de plus grandes quantités de choux à mains nues et sans eau chaude, et ce, malgré le temps frisquet de novembre !)

Gants rose ou rouge, accessoire indispensable du kimchi.

Plat de *suyuk*, porc braisé au bouillon aromatisé

LA CARTE DES FESTIVALS

Fêtes des fleurs, entre mars et avril

Pour les azalées :

- Mont. Yeongchui à Yeosu, la meilleure colonie d'azalées
- Mont. Goryeong à Ganghwa
- Mont. Wonmi à Bucheon

Pour les abricotiers : Gurye, Icheon

Pour le colza : Seogwipo, Guri

Pour les cerisiers :

- Jinhae Gunhangje, le plus grand festival de cerisiers en fleurs du pays, à Changwon
- Chemin du lac Cheongpung, à Jecheon
- Allée de cerisiers âgés de 40 à 50 ans, à Hadong
- Chemin périphérique du lac Gyeongpo
- Autour du lac Seokchon à Séoul, illuminé la nuit pour créer une atmosphère encore plus magique

Fêtes des feuilles d'automne, entre octobre et novembre

- Temple Beomeosa, à Busan
- Mont. Seorak, à Gangwon
- Mont. Unak, à Pocheon
- Palais Changgyeonggung, à Séoul
- Forteresse de Namhansanseong, à Gwangju
- Mont. Jaeju, à Jeongeup
- Île de Nami

Fête du thé vert à Boseong

Elle se tient en mai, à la période de la première récolte, sur la plus ancienne plantation de thé de Corée.

Yeondeunghoe, fête et défilé des lanternes

Elle a lieu en mai, à Séoul et dans d'autres grandes villes.

Fête *Dano* de Gangneung

Dano, ou *Danoje*, de Gangneung est un festival célébré le 5e jour du 5e mois lunaire – le chiffre 5 est fort en force yang. Il s'agit d'un ensemble de célébrations souhaitant la bonne récolte, qui s'étend sur plus de 30 jours. On commence par le brassage de l'alcool le 5 avril et on termine le soir du 7 mai, avec des événements centrés sur la ville de Gangneung, tels que des danses masquées, des concerts et des défilés.

Baekje Cultural Festival à Gongju

Ce festival dure 17 jours entre septembre et octobre. Il est consacré à l'histoire et à la culture du royaume de Baekje (18 av. J.-C.-660 ap. J.-C.), qui régnait dans le Sud-Ouest de la Corée.

Festival international de danse des masques d'Andong

Il se déroule pendant 10 jours entre septembre et octobre. Cet événement a transformé le rituel chamanique *byeolsin-gut* du village de Hahoe, vieux de 800 ans, en un festival.

Festival culturel de Hwaseong à Suwon

Le festival emblématique de la ville de Suwon se tient en octobre à la forteresse de Hwaseong, classée au patrimoine mondial de l'UNESCO. Durant trois jours, on assiste à des reconstitutions de parades et de fêtes d'anniversaires royales, des démonstrations de tir à l'arc…

Festival du kimchi à Gwangju

Au mois d'octobre, ce festival de quatre jours propose de déguster une variété de kimchis et de plats à base de kimchi.

Festival de *chimek* à Daegu

Daegu, est une ville connue pour son industrie avicole. Durant cinq jours, en juillet, ce festival est entièrement consacré au *chimek*, du poulet frit accompagné de bière.

Festival international du film de Busan

Il a lieu chaque année au mois d'octobre à Busan : c'est le plus important festival international de cinéma d'Asie.

Festival international du mime de Chuncheon

Ce festival, considéré comme l'un des trois plus grands festivals du genre dans le monde, propose des spectacles joués par des troupes coréennes et étrangères. Il est organisé en mai ou juin.

Seoul Festa

Vous pouvez découvrir la vie culturelle de la capitale dans plusieurs lieux branchés pendant six jours au mois d'avril ou de mai.

Festival de la boue de Boryeong

Ce festival se tient en juillet autour de la plage de Daecheon, riche d'une boue bénéfique pour la peau. C'est l'occasion de faire trempette, de plonger et de jouer avec ses proches.

Festivals de feux d'artifice de Séoulet de Busan

Le festival international de feux d'artifice de Séoul se tient sur l'île fluviale Yeouido, en octobre. Le festival de Busan a lieu chaque année au début du mois de novembre sur la plage de Gwangalli.

Waterbomb

Ce festival associe des spectacles de différents genres musicaux à des combats d'eau à grande échelle. Il s'agit d'un événement pour adultes avec des restrictions d'âge. Il a lieu en juillet dans les grandes villes de Corée du Sud et dans d'autres pays.

LES FÊTES VENUES D'AILLEURS

À partir du début du xxe siècle, des fêtes occidentales ont été introduites dans le pays : pour les Coréens, elles sont associées à un certain esprit de liberté qui rompt avec le rigorisme confucéen. Elles sont devenues des moments appréciés par les jeunes et les amoureux.

Il existe également des marchés organisés par les ambassades européennes qui vendent une variété de produits en provenance d'Europe.

Noël 크리스마스

Pour de nombreux Coréens, le 25 décembre n'a pas tellement de valeur religieuse. C'est plus un jour férié qui permet de s'amuser entre amis et surtout en amoureux, avec une forte tendance à la consommation : on offre des cadeaux, on assite à des spectacles, on se rend dans des restaurants élégants... Les magasins sont décorés et diffusent des chants de Noël.

Les journées des amoureux

Le jour de la Saint-Valentin (le 14 février), les femmes offrent du chocolat aux hommes, tandis que lors du White day (le 14 mars), inventé au Japon, les hommes offrent des bonbons aux femmes. Par ailleurs, le 14 de chaque mois est une journée liée à l'amour : de nombreux événements sont proposés aux couples.

14일 기념일 캘린더

14 janvier, Diary day : on offre un agenda pour la nouvelle année.

14 février, Saint-Valentin : les femmes offrent du chocolat aux hommes.

14 mars, White day : les hommes qui ont reçu des chocolats offrent des bonbons à leur tour, à leur amoureuse.

14 avril, Black day : les célibataires se réunissent et mangent du jjajangmyeon, des nouilles à la sauce noire.

14 mai, Rose day : les hommes offrent des roses aux femmes.

14 juin, Kiss day : c'est le jour où les amoureux s'embrassent.

14 juillet, Silver day ou Ring day : les femmes reçoivent une bague ou un objet en argent.

14 août, Green day ou Music day : c'est l'occasion d'aller à la montagne ou de danser et d'écouter de la musique en couple.

14 septembre, Photo day : les amoureux voyagent ensemble, prennent des photos et les partagent sur les réseaux sociaux.

14 octobre, Wine day : les amoureux dînent ensemble et dégustent du vin.

14 novembre, Movie day : les amoureux regardent un film en mangeant des cookies.

14 décembre, Hug day et Money day : c'est la journée des câlins, l'occasion de se serrer l'un contre l'autre. On dépense aussi avec plaisir pour offrir un cadeau à son bien-aimé ou sa bien-aimée.

한국의 명소

À DÉCOUVIR

**Sur une carte, la Corée du Sud n'est ni très large ni très longue.
Mais c'est un pays dont l'héritage culturel est aussi dense
qu'un chou aux milles feuilles superposées, et dont la saveur
est aussi profonde et nuancée qu'un *kimchi* affiné.
Plus vous en ferez l'expérience, plus vous l'apprécierez.**

À NE PAS MANQUER

Connaître la longue histoire et la riche culture de la Corée du Sud demande du temps et de l'expérience. Voici un panorama des activités et lieux les plus emblématiques du mode de vie coréen !

Le jjimgilbang : c'est un lieu pour se détendre, l'idée étant que le bien-être du corps apporte le bien-être de l'esprit (voir p. 162).

Le noraebang : avec les karaokés, vous pourrez partager l'amour des Coréens pour la danse et le chant (voir p. 185).

Le pocha : découvrez l'atmosphère dense des bars pocha où l'on se réunit entre amis pour discuter des joies et des peines de la vie (voir p. 29).

K-beauty : pour un shopping des produits cosmétiques et bénéficier d'un soin de beauté personnalisé (voir p. 166).

La K-pop : explorez des quartiers tels que Gangnam, Seongsudong, Myeongdong, qui servent souvent de toile de fond à la K-pop (voir p. 186).

Le deungsan : c'est la randonnée en montagne, qui permet de se reconnecter à la terre, à la roche et à la forêt, et se ressourcer dans la nature (voir p. 164).

Le kimchi : goûtez à une variété de kimchis à travers différents plats et terroirs (voir p. 62).

Les marchés traditionnels : on assiste à des scènes de vie animées qui illustrent le dynamisme du peuple coréen.

La cuisine : à travers la nourriture, vous goûterez (au sens propre et figuré) à la culture coréenne. Apprenez par exemple le savoir-faire de la cuisine végétarienne des temples (voir p. 108).

Les spectacles : exclamez-vous « *Eolsu !* » lors d'un spectacle de danse traditionnelle coréenne et ressentez l'excitation de participer à un spectacle vivant traditionnel (voir p. 182).

Les temples bouddhistes : découvrez la philosophie, la vie spirituelle et la sérénité des Coréens, qui contrastent avec le rythme citadin (voir p. 175).

TOUR DE SÉOUL 서울 여행

La capitale de la Corée du Sud mêle harmonieusement tradition et modernité. Elle regorge d'attractions, de restaurants et de boutiques, et a beaucoup à offrir. Elle se caractérise également par ses nombreuses montagnes, cachées au milieu de la métropole.

Les parcs et les espaces naturels

Séoul Sup

Ce parc forestier de 350 000 m² situé dans le centre-ville est apprécié des familles pour ses grandes pelouses et ses jeux pour enfants, ainsi que des promeneurs pour ses sentiers bien aménagés.

N 서울 타워

Fleuve de Han et la tour Namsan

Hangang Gongwon

Cet ensemble d'onze parcs borde la fleuve Han. On y trouve des sentiers, des installations sportives et des magasins de proximité. Une piste cyclable longe le fleuve, et un port de plaisance permet de faire une croisière. Les Séouliens aiment pique-niquer sur la rive, en mangeant du poulet et en buvant de la bière, et profiter de la magnifique ligne d'horizon de Séoul.

Cheonggyecheon

Ce cours d'eau de 6 km de long traverse le centre de Séoul. Ses quais sont un lieu de promenade. Ils sont décorés en fonction des événements qui ponctuent l'année.

Naksan Gongwon

Ce parc abrite une dense végétation et les murs de la forteresse qui protégeait Hanseong, ancienne capitale de la dynastie Joseon. Il offre certaines des plus belles vues nocturnes de Séoul.

Les montagnes

Vous n'avez pas besoin d'aller bien loin pour faire une randonnée. Les montagnes Inwangsan, Ansan, Bukhansan, Gwanaksan, Cheonggyesan et Yongmasan se trouvent toutes dans les limites de la capitale.

Les îles

Bamseom

Il s'agit d'une île inhabitée, située sur le fleuve Han. C'est un site naturel protégé, que l'on peut seulement voir depuis le centre d'observation situé sur un pont voisin.

Sebitseom

Ce sont quatre îles artificielles qui accueillent des spectacles.

Seonyu
Un parc écologique situé sur une île du fleuve Han. On y trouve un jardin botanique aquatique.

Les lieux historiques et emblématiques

La capitale coréenne abrite cinq grands palais et un sanctuaire :

- Gyeongbokgung,
- Changdeokgung et son jardin Huwon,
- Deoksugung,
- Changgyeonggung,
- Gyeonghuigung,
- Jongmyo, sanctuaire confucéen dédié aux rois et reines du passé,
- Dans certains palais l'entrée est gratuite si vous portez le *hanbok*, le costume traditionnel coréen. On trouve facilement des boutiques de location.

La Tour Namsan
Cette tour de télécommunication située sur le mont Namsan est un emblème de la ville. Elle dispose d'une terrasse d'observation et de plusieurs restaurants et cafés.

Place de Gwanghwamuun
Cette place est en face de l'entrée principale du palais de Gyeongbokgung. On y voit les statues de deux des personnages les plus vénérés de Corée, le général Yi Sun-Sin et le roi Sejong le Grand.

Les quartiers

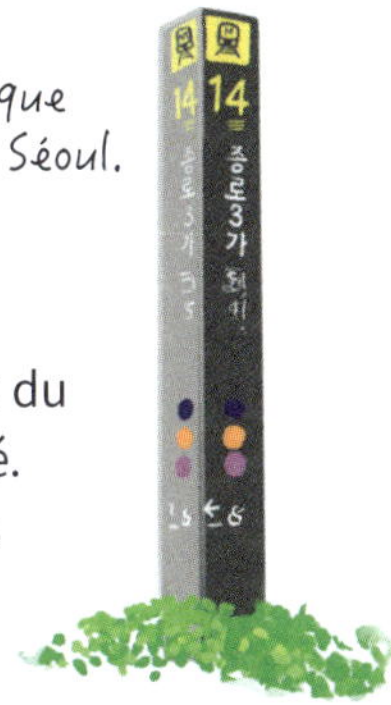

Signalétique de métro à Séoul.

Myeongdong
C'est un paradis de la streetfood et du shopping pour la mode et la beauté. Ce quartier abrite également les marchés de Namdaemun, où l'on trouve des articles de mode à des prix plus abordables.

Seongsudong
Surnommé le « Brooklyn de Séoul », cet ancien quartier industriel accueille désormais de nombreux restaurants, cafés et pop-up stores. Des feuilletons et des clips de K-pop y sont tournés.

Gangnam et le quartier Hongdae
Gangnam se situe au sud du fleuve Han. C'est un quartier à la mode et huppé, qui concentre de nombreuses boutiques de luxe, tandis que le quartier Hongdae est plus jeune et créatif.

Itaewon
Cette zone se caractérise par sa pluralité et son mélange de cultures, car elle servait de base aux soldats américains et accueille de nombreux expatriés. Elle bénéficie d'une vie nocturne animée. On y trouve des magasins branchés et des restaurants.

Les villages *hanok* d'Ikseondong et de Bukchon abritent des maisons traditionnelles et de charmantes petites boutiques de créateurs.

Insadong
Ce quartier est depuis longtemps un lieu de prédilection pour les artistes en raison de ses nombreuses galeries. Dans les rues piétonnes, se succèdent aussi des petits ateliers, des boutiques et des maisons de thé traditionnelles.

CARNET D'ADRESSES À SÉOUL

Certains magasins et restaurants sont emblématiques et connus de tous les Coréens.

Marchés et shopping

Marchés traditionnels

Parmi les nombreux marchés traditionnels de la capitale, on peut citer Namdaemoon-sijang et Gwangjang-sijang. Certains sont spécialisés en herboristerie, comme Gyeongdong-sijang, en produits de la mer, comme Noryangjin-susansijang, ou en souvenirs touristiques, comme Tongin-sijang.

Marchés aux puces

Il existe de grands marchés aux puces aux alentours du cours d'eau Cheonggyecheon. Il s'agit du marché aux puces de Hwanghak-dong, du Guje-sijang et du Séoul Pungmul-sijang.

1 Daiso : surnommé « le magasin national », on peut y acheter des articles ménagers coréens à des prix très bas, mais de qualité correcte.

2 Olive Young : ce magasin est spécialisé dans les produits de beauté, de santé.

3 Musinsa standard: boutique offline de la célèbre plateforme de vêtements sur Internet.

4 Kakao Friends : c'est une chaîne de plusieurs magasins situés à Séoul et dans d'autres grandes villes du pays. On y trouve des produits dérivés représentant les mascottes en forme d'emoji de Kakao, la société de services mobile et Internet la plus importante de Corée.

Pour se restaurer et se détendre

5 Hanguk-eui-jip : ce restaurant, situé dans une maison traditionnelle, propose des plats et des desserts coréens emblématiques de la gastronomie coréenne.

6 Imun Seolleongtang : la spécialité de ce restaurant, qui existe depuis 120 ans, est la *seolleong-tang*, soupe de viande et d'os de bœuf emblème de la cuisine séoulienne.

7 Manpo Myeonok : depuis 50 ans, on y sert des *pyeongyang-nengmyeon*, voir p. 112.

8 Jaha Son Mandu : leurs spécialités sont les *mandu* (des ravioles) à la séoulienne. Sa farce comprend viande, tofu, ciboule, pousses de mungo.

9 Balwoo Gongyang : c'est un restaurant de cuisine de temples bouddhistes, voir p. 108.

10 Bogeonok : cet établissement est connu pour son *bulgogi* de bœuf traditionnel façon Séoul : un goût tout doux et beaucoup de jus (voir p. 84).

11 Seolbom : c'est une célèbre pâtisserie de *tteok* (pâtes de riz), voir p. 120.

12 Myeonghwa Dang : on y sert des *kimbap* (김밥, riz roulé aux algues) et des *tteokbokki* (떡볶이, pâtes de riz sauce sucrée-salée pimentée), voir p. 115.

13 Ongo Food : cette entreprise propose des programmes de promenade gastronomique et des cours de cuisine coréenne.

Les musées

- Musée national d'art contemporain ;
- Musée national de Corée (musée d'art et d'histoire) ;
- Musée Leeum, musée d'art Samsung : ensemble de trois bâtiments consacrés aux arts traditionnels coréens, à l'art moderne et à l'art contemporain ;
- Musée folklorique national de Corée (situé dans le Gyeongbokgung) ;
- Mémorial de la guerre de Corée.

N
Gangbuk -gu
ART
13
Bukhansan
8
6
9
Dongdaemun -gu
Yongmasan
Eunpyeong -gu
Jongno -gu
10
12
Seodaemun -gu
Inwangsan
Myeongdong
7
5
Ansan
홍대
Mapo -gu
2
3
4
서울숲
Seongdong -gu
Yongsan -gu
gdeungpo -gu
1
Gangnam -gu
11
Gangnam

TOUR DE BUSAN
부산 여행

La plus grande ville portuaire de la Corée est la plus peuplée du pays après Séoul. Son paysage diversifié, entre mer et montagnes, les structures urbaines construites spontanément pendant la guerre et ses rues escarpées en font une ville atypique. Ses quartiers situés dans les montagnes, tels que le village culturel de Gamcheon, ont été ainsi développés en tant que destinations touristiques avec une intervention artistique et paysagère en 2009 : maisons peintes de toutes les couleurs, introduction des commerces touristiques, etc.

Les plages
Les plages de Haeundae, Gwanganli et Song-jeong sont idéales pour la baignade, et sont situées à proximité de nombreuses rues commerçantes. La plage de Haeundae est réputée pour ses paysages nocturnes baignés de la lumière des gratte-ciel.

Haeundae Oncheon, la rue des cures thermales
Située près de la mairie Haeundae-Gu, cette rue abrite de nombreux bains de sources chaudes. Il y a à la fois des bains publics, des bains privés pour se retrouver en famille et des bains de pieds.

Le marché de Jagalchi, Jagalchi-sijang 자갈치 시장
Situé au port de Nampo, Nampo-dong, il s'agit du plus grand marché aux poissons de Corée. On y trouve vraiment toute sorte de poissons, même des espèces rares ! Au premier étage, des restaurants de poisson cru peuvent vous préparer le poisson que vous venez d'acheter au rez-de-chaussée.

자갈치시장

감천문화마을

Le village culturel de Gamcheon
Pendant la guerre de Corée, les réfugiés se sont installés ici, au Sud du pays, et ont créé de nouveaux quartiers, constitués aujourd'hui de maisons colorées à flanc de colline qui constituent un paysage unique.

Les marchés de Gukje, Gukje-sijang et Ggangton, Ggangton-sijang

Pendant la guerre de Corée, le port de Busan a vu affluer des réfugiés ainsi que des produits de secours internationaux. Spontanément, des marchés se sont créés et sont devenus des lieux où l'on peut se procurer à peu près n'importe quoi. Les noms des marchés comme Gukje (« international ») et Ggantong (« boîte de conserve ») témoignent de cette histoire. Depuis, on continue d'y vendre principalement des produits étrangers. Dans le *yasijang*, marché nocturne, ouvert le soir jusqu'à minuit, on trouve de nombreux stands de streetfood étrangère.

Le quartier de Centum City

Ce quartier innovant et très animé, abrite des quartiers résidentiels, le Palais des congrès, le Musée municipal d'art de Busan, le plus grand magasin du monde, le Busan Cinema Center, centre cinématographique où a lieu chaque année le Festival international du film de Busan (BIFF), diverses institutions publiques et des entreprises. Situé sur la rive droite du fleuve Suyeong, il est relié par le pont Gwangan, qui est le point de repère de Busan, surtout la nuit lorsqu'il est illuminé.

광안대교

Les temples bouddhistes

Si vous escaladez la montagne Geumjeongsan, la plus haute de Busan, vous accéderez au magnifique et tranquille temple Beomeosa, construit au VIIe siècle, sur lequel on peut lire les traces du temps. Au Sud de la ville, le temple Haedong Yonggungsa, qui fait face à la mer contrairement à la plupart des autres temples, situés dans les montagnes, est une destination touristique populaire. Il s'agit d'un temple de construction récente qui abrite des statues de Bouddha de toutes les tailles.

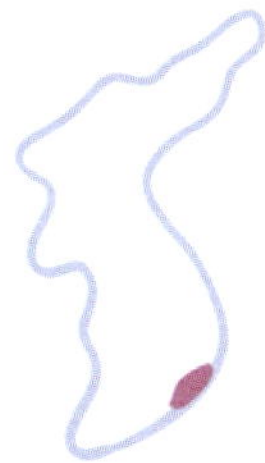

D'AUTRES SITES INCONTOURNABLES

Au-delà de ces deux grandes villes emblématiques de la Corée, il y a beaucoup à découvrir !

Le village de Yangdong

Dans ce village traditionnel situé à Gyeongju, vous découvrirez de vieilles maisons avec des toits de chaume ou avec des tuiles, des murs en terre et de jolies ruelles. On y propose également des expériences traditionnelles et des spécialités locales comme apprendre la politesse (prosternation), la peinture traditionnelle, la cuisine traditionnelle, etc.

Gyeongju 경주

Pendant près de mille ans, la ville de Gyeongju a été la capitale de l'ancien royaume coréen de Silla 신라.
Le Daereungwon, un ensemble de vingt-trois tombes de rois, reines et nobles de l'époque, séduit par son aspect mystérieux et le vert tendre de ses collines arrondies. Marcher autour des ruines des palais au coucher du soleil est magique. Aux environs, ne ratez pas les temples bouddhistes Bulguksa et Seokguram, tous deux classés au patrimoine mondial de l'UNESCO. Le musée national de Gyeongju est lui aussi passionnant : vous pouvez y admirer d'étonnants objets de la période Silla.

Une tuile surnommée «Le sourire du Silla».

Traversée de la Corée en vélo

Les pistes cyclables le long des fleuves Han, Nakdong, Geum et Yeongsan permettent de profiter pleinement des magnifiques paysages de la Corée.

On dénombre douze pistes de différents niveaux de difficulté. Aux centres de certification situés le long de la route, vous pouvez obtenir un tampon d'approbation sur votre carnet de certificat. Vous l'apportez ensuite à un centre de certification pour recevoir une médaille et un certificat pour prouver que vous aviez bien effectué ce périple à vélo.

La province de Jeju - 제주도

C'est une île volcanique située dans la mer de Sud-Ouest de la Corée du Sud.

Il est possible de randonner sur le mont Hallasan, le plus haut du pays avec ses 1 950 m d'altitude. Au sommet, vous aurez la surprise de découvrir le lac Baengnokdam au sein du cratère. Le volcan Seongsan Ilchulbong offre quant à lui, l'une des vues les plus emblématiques de l'île. Le lever du soleil y est spectaculaire.

Le paysage du littoral de Seopjikoji est digne d'une carte postale : sable blanc, larges champs de colza, poneys en pâture, falaises côtières rocheuses… On peut se baigner dans les eaux cristallines des plages de Hyeopjae et de Hamdeok, les plus belles de l'île.

Les *haenyeo*, les femmes de mer de Jeju : ces exceptionnelles pêcheuses plongent en apnée et perpétuent une tradition ancestrale, inscrite sur la liste du patrimoine culturel immatériel de l'UNESCO. Renseignez-vous auprès de l'office de tourisme pour vivre une expérience liée aux activités des *haenyeo*, comme la pêche à l'apnée.

Jeonju - 전주

Jeonju a la réputation d'être une ville gastronomique. La version la plus célèbre du *bibimbap* est née ici. La ville a son village *hanok*, quartier de maisons traditionnelles. Il est dépaysant de se promener en *hanbok*, tenue traditionnelle que l'on peut louer.

Le parc national du Seorak - 설악산

Les paysages de falaises et de forêts sont d'une beauté époustouflante. Si vous randonnez, vous verrez des vallées avec de l'eau cristalline, une végétation abondante, de la neige ou des feuilles d'automne multicolores selon la saison et d'énormes blocs rocheux appelés *gongryong neungseon* (« crête de dinosaure ») : ils sont nommés ainsi car ils se dressent sur la crête de la montagne.

Goindol - 고인돌

La Corée est le « royaume des dolmens » : on y trouve plus de 40 % des dolmens du monde, soit environ 35 000. Les sites les plus connus sont ceux de Gochang, Hwasun et Ganghwa. Le plus grand ensemble, constitué de plus de 440 dolmens, se situe à Gochang, dans la province de Jeolla.

Le pont de Yongyangbo, abandonné depuis 60 ans, est aujourd'hui un refuge pour les cormorans, les grues et d'autres oiseaux.

Près de la Corée du Nord

Imjingak, 임진각 : ce site commémoratif pour les réfugiés de Corée du Nord a été construit à l'endroit le plus au nord où les civils peuvent se rendre.

Il existe environ vingt-deux observatoires le long de la ligne de démarcation militaire. Pour s'y rendre, il faut remplir un formulaire et présenter sa carte d'identité. Pour faciliter le contrôle, les visites se font en groupe dans de grands bus.

Parc écologique de la DMZ : entre les deux Corée, il existe un véritable no man's land de 4 km de large, appelé zone démilitarisée (ou DMZ, de l'anglais « demilitarized zone »). Il est intéressant d'un point de vue environnemental, car il est inhabité et non pollué. Il est possible de le visiter sur inscription.

Les séjours thérapeutiques, stay 스테이

Pour les Coréens, qui sont toujours actifs et dynamiques, s'arrêter pour se reposer a une signification particulière. Le mot « stay » signifie que le choix d'un lieu de séjour durant un voyage n'est pas seulement un point de chute pour passer la nuit, mais aussi une question de bien-être. Un hanok ou un temple à l'atmosphère apaisante est parfait pour un voyage curatif, où l'on peut échapper à l'agitation de la vie urbaine et se ressourcer.

Temple stay, *taempeul seutaei* 템플 스테이

Il s'agit d'un programme d'expérience qui permet au participant de découvrir la culture bouddhiste coréenne en ouvrant les temples au public.

Vous pouvez participer à des activités minimales (offrandes, cultes), converser autour d'un thé avec les moines et passer du temps seul dans le temple, ce qui est idéal pour ceux qui veulent faire une pause en paix.
Il existe plusieurs programmes de temple stay, mais le séjour d'une nuit durant le week-end est le plus courant.

En général, il s'organise ainsi : découverte du temple, culte, 108 prosternations, chapelets, méditation, coucher à 21 heures, réveil à 4 heures, culte de l'aube, nettoyage commun après les prières du matin, promenade, écriture de ses souhaits, discussion avec les moines autour d'un thé, prendre le temps d'écrire sur cette expérience, faire une photo de groupe. L'extinction des téléphones portables, les prières de l'aube et les 108 prosternations sont facultative.

L'inscription se fait sur le site Internet : https://eng.templestay.com/

Hanok stay - 한옥 스테이 (*hanok seutaei*)

Le terme *hanok* désigne à l'origine toutes les habitations traditionnelles coréennes, mais aujourd'hui il évoque les maisons avec des tuiles et des structures en bois. Ces dernières années, elles sont de plus en plus à intégrer le confort moderne, tout en conservant leur apparence ancienne. Un séjour dans un *hanok* est attirant pour les voyageurs : la combinaison de la tradition et de la modernité, la tranquillité de la cour, ainsi que les matériaux naturels utilisés sont propices à la relaxation et la contemplation. C'est encore mieux quand le lieu est entouré de nature.

Si vous souhaitez réserver pour un séjour, notez que certains *hanoks* ne disposent pas d'équipements modernes en raison de leur caractère traditionnel. Vous dormirez souvent sur une couette posée à même le sol plutôt que dans un lit.

한옥의 곡선미

L'avant-toit traditionnel des maisons hanok ne présente pas de lignes droites mais forme une courbe douce qui exprime bien l'esthétique coréenne. Pour les Coréens, la chaleur et la forme d'une chambre d'ondol sont plus qu'un confort physique, ce sont des éléments symboliques qui ont un effet apaisant sur l'esprit.

Ondol et Maru - 온돌 과 마루

Le chauffage dans les *hanoks* est caractérisé par un chauffage de sol. La chaleur du foyer de la cuisine chauffe le sol de la pièce à travers un espace creux sous le plancher, et l'air chaud monte pour chauffer toute la pièce. La fumée de la combustion s'échappe par une cheminée située de l'autre côté de la chambre.
En été, par contre, la fraîcheur était recherchée dans le maru, espace sur un plancher en bois dont le dessous est vide.

PRENDRE LE TRAIN ET L'AUTOCAR

Les transports publics sud-coréens sont confortables, propres et ponctuels. Les prix sont raisonnables. Que vous souhaitiez voyager rapidementou tranquillement, il existe toutes sortes d'options.

Les trains, *Gicha* - 기차

La Corée du Sud étant un petit pays – le trajet le plus long, de Séoul à Busan, ne dure que 2 h 40 –, le train est l'un des modes de transport les plus pratiques pour voyager. L'entreprise publique Korail gère les réseaux ferroviaires. On distingue trois types de train :

- KTX/SRT : train à grande vitesse, équivalent de notre TGV.
- ITX : train à mi-chemin entre le TGV et le Saemaul, avec des sièges plus larges.
- Le Saemaul et le Mugunghwa : on aime leur lenteur, leurs sièges spacieux et leurs nombreux itinéraires pittoresques.
- Sur le site de réservation www.letskorail.com, vous pouvez également réserver pour des trains touristiques (East Santa train, V-train, S-train, A-train, G-train).

Les voitures de location, *raenteoka* - 렌터카

Les routes du pays sont généralement en très bon état. Si vous avez un permis de conduire international, vous pouvez louer une voiture.
Les aires d'autoroute coréennes offrent de nombreux services et soignent la qualité de la restauration. Certaines sont réputées pour leurs plats, et certaines personnes voyagent même pour les goûter !

Les bus, *beoseu* - 버스

Le *gosok beoseu* (bus express) et le *sioeu beoseu* (bus interville) circulent très souvent et quadrillent le pays. Le bus express propose une option premium, plus luxueuse.

- Réservation pour les bus express : https://www.kobus.co.kr/
- Réservation pour les bus interurbains : https://bustago.or.kr/newweb/

Comment réserver un billet de train ?

Rendez-vous en gare ou sur l'application ou le site de Korail. Il existe un Korail Pass pour les touristes étrangers, qui permet de voyager de manière illimitée dans les trains réguliers. Le M Pass est un titre de transport métropolitain destiné également aux touristes, qui peuvent imprimer le Korail Pass dès l'achat sur Internet. Ils n'ont même plus besoin de se rendre au guichet pour choisir leur place car il est devenu possible de réserver sa place directement sur le site.

SE LOGER 숙박

Si vous voulez découvrir l'espace de vie coréen, une pension ou une maison d'hôtes sera la meilleure option.

Les pensions

Il s'agit d'hébergements de type pavillon, souvent situés dans des endroits pittoresques. Ils disposent d'une cour, ce qui signifie que vous pouvez faire des barbecues. Les Coréens l'adorent !

Les guest house, maisons d'hôtes

Elles se trouvent dans des endroits facilement accessibles par les transports et s'adressent plutôt aux jeunes. On y sert des repas simples, et des barbecues sont parfois organisés le soir. Les propriétaires louent à bon prix une partie de leur maison privée, généralement des chambres aménagées dans un esprit dortoir. La salle de bain et la cuisine sont communes aux hôtes.

Les autres possibilités

Les autres options d'hébergement sont classiques : il y a les hôtels classés, les plus luxueux, les *yeogwan* (de petites chambres d'hôtel de bon marché) ou les motels, plus abordables.

Pour réserver

Vous pouvez réserver votre hébergement sur n'importe quel site de réservation international, mais l'offre est beaucoup plus riche si vous utilisez des sites coréens.

Sites en anglais :

- www.stayfolio.com/en
- www.wehome.me

Sites en coréen :

- www.pensiondanawa.com
- www.yanolja.com
- Pour les *hanoks* : https://hanok.seoul.go.kr/

INDEX

H

I-J

K

L

M

N

O

P

R

S-T

V

Remerciements

En terminant cet ouvrage, je souhaite exprimer ma reconnaissance à Aurélie, mon éditrice chez Mango. Un grand merci à AhnJi pour ses illustrations, qui donnent des ailes à cet ouvrage. Merci également à Brigitte et Steve pour leurs précieux conseils, sans oublier Jun, qui m'a soutenue tout au long de ce travail.

Luna Kyung

Je remercie particulièrement Aurélie et Sylvaine d'avoir rendu possible ce projet, que je suis ravie de partager avec mes lecteurs et lectrices.

Un grand merci à Luna de m'avoir donné la chance de participer à ce merveilleux projet.

Merci à ma sœur Hyo-Eun d'avoir calligraphié le titre en coréen, et à mes parents et amis, qui m'ont inspiré les personnages de ce livre.

AhnJi

Dans la même collection

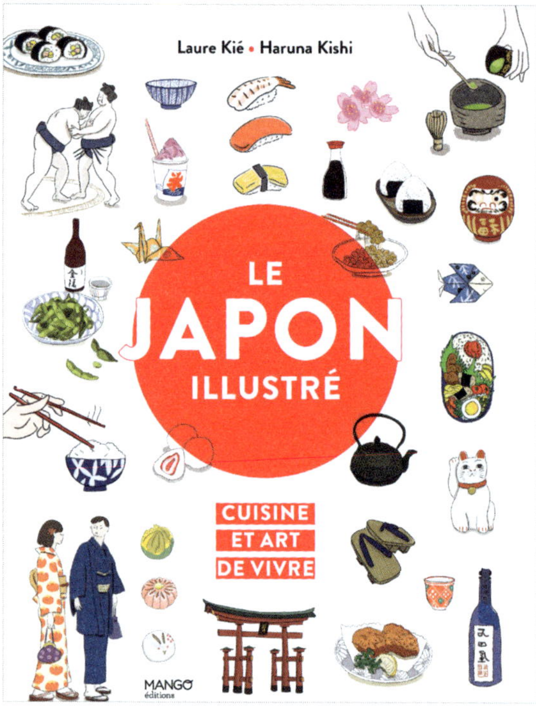

Vous pourriez aimer également...

Direction : Guillaume Pô
Direction éditoriale : Tatiana Delesalle
Édition : Aurélie Cazenave, assistée
de Salomé Léger-Pereira et Emma Lombois
Suivi éditorial de la présente édition :
Emma Mauberret, assistée d'Alice Balmino
Direction artistique : Sylvaine Beck,
assistée d'Elise Goudelin
Mise en pages : Atelier des Grands Pêchers
Direction de fabrication : Thierry Dubus
Suivi de fabrication : Marie Dubourg

Textes et illustrations issus de :
La cuisine coréenne illustrée, Mango éditions, 2021
et *La vie coréenne illustrée*, Mango éditions, 2024.

1re édition - N° d'édition : 25L1133
ISBN : 9782317038372
Code MDS : MN38372
Dépôt légal : octobre 2025
Achevé d'imprimer en septembre 2025
par GPS Group en Bosnie-Herzégovine

57, rue Gaston-Tessier, 75019 Paris
www.mangoeditions.com